明治大正人物列伝52

Keyaki Nakai
中井けやき

文芸社

本書を読まれる前に

☆本書は、『けやきのブログⅡ』記事６００余のうち、２０１５年分52項目を冊子にしたものです。

『けやきのブログⅡ』

http://keyakinokaze.cocolog-nifty.com/rekishibooks/

☆本書の感想・ご意見、コメントがありましたら、『けやきのブログⅡ』へお寄せください。

☆投稿は、ブログ記事のどれからでもできます。ペンネーム・ハンドルネームも可。

☆元のブログ記事に写真があっても、本書では都合により割愛しました。元の記事は、『けやきのブログⅡ』右列、バックナンバー（日付順）で探せます。

明治大正人物列伝52　目次

明治大正人物列伝52

2015年1月3日（土）

見よ、飛行機の高く飛べるを！　明治の飛行家たち

2015（平成27）年、雪の正月を迎えた地域が多いが東京近辺は晴れ。雪空も青空もある狭いようで広い日本の空。空高く飛行機が飛ぶのをみると、子どものように手を振りたくなる。その飛行機、観光の飛行機は楽しいが、軍用機は困る。

今年は、軍用機が襲来した長い戦争が終わって70年。明治どころか昭和も遠く、親にB29や疎開の話を聞かされたが薄れている。自分も含め年金世代でさえ爆弾を落とした飛行機なんか殆ど覚えがない。しかし、世界を見れば今なお空爆される厳しい現実がある。

その一方、広大な空に夢と希望を托す人たちが私たちを励ます。小惑星探査機はやぶさの冒険、科学は解らなくてもワクワク。

つい先日、「はやぶさ2」が宇宙へ旅立ち、帰りを待つ楽しみを与えてくれている。優秀な技術日本だが今春やっと国産飛行機が初飛行する。戦前の軍用機（零戦など）生産を敗戦後、GHQ（連合国軍総司令部）が航空機に関する一切の活動を禁止したのもあって開

発が遅れた。その後、航空機製造が解除され国産旅客機YS11、半世紀を経て国産ジェット旅客機MRJが完成、この春飛びたつ。（〝半世紀ぶり「国産」テイクオフ〟『毎日新聞』2015年1月1日）

ところで、日本の飛行機のはじめはどんな様子だったのか、明治を見てみよう。

二宮　忠八（愛媛県）

人力飛行機の考案者、実業家　1866（慶応2）年〜1936（昭和11）年

丸亀の歩兵連隊に在営中、カラスの飛ぶのを見て空中飛行を考え研究を始める。ゴム動力でプロペラを回す模型を製作し、1894（明治27）年日清戦争で従軍した朝鮮で、軍用に供する旨の上申書を提出、却下された。その後、ライト兄弟の成功を知り研究を中止、大阪に出て実業家となる。晩年、二宮の飛行機発明がライト兄弟より早いことが認められ、のち叙勲された。

1893（明治26）年、二宮忠八、飛行機を試作（動力はゼンマイ、車輪付き）。

1903（明治36）年12月17日、ライト兄弟飛行機発明、初飛行。

1909（明治42）年、内田稲作、飛行機製作に乗り出す。

——芝区金杉浜町三十九　内田稲作氏は、第16776号をもって空中飛行機の特許を受けたるが、米国ライト氏のものより勝る点少なからずという。内田式は翌年、模型の試験飛行に失敗。（『万朝報』明治42年7月25日）

奈良原　三次（鹿児島県）

航空工学者　1877（明治10）年〜1944（昭和19）年
余暇で飛行機を研究、のち第4号機で全国巡業飛行、民間操縦士育成につなげた。

1910（明治43）年、奈良原三次が複葉機（奈良原式第1号）を完成し戸山ヶ原で滑走。

1911（明治44）年、所沢飛行場で奈良原機テスト飛行に成功。

1912（明治45）年、奈良原式・鳳号が青山でおひろめ、観衆7万。

日野　熊蔵（熊本県）

発明家・航空の先駆者　1878（明治11）年〜1946（昭和21）年
陸軍士官学校卒。
1909（明治42）年、臨時軍用気球研究委員。
1910（明治43）年、飛行機購入と操縦技術習得のため徳川大尉と共にフランスの飛行学校に派遣される。その後、一人でドイツのヨハネスタール飛行場で操縦技術を学び、グラーデ単葉機を購入し帰国。

――(日本に於ける飛行機の将来)飛行機を建造する技術さえ熟達すれば、廉価で優秀な、多数の飛行船を建造することができよう。何事にも創造の才あるフランス人は、飛行機においても先鞭をつけ、つづいて学究的なるドイツ人学理的方面に趨り、堅実なるイギリス人は、遅れて現れたけれども、あるひは実行の点に於いては成果を収めるかもしれぬ…(中略)…水雷上手の日本男児が、軽快迅速な飛行機に飛び乗って、度胸を据えてかかったならば、非常に目覚ましいことが出来るのではあるまいかと思ふ。(『家庭十二ヶ月・一月の巻』)

12月14日、日野熊蔵大尉、代々木練兵場でグラーデ式単葉飛行機で初めて飛行に成功(高度10m・距離60m)。

現場責任者の田中館愛橘博士が注視するなか試験飛行したが、距離は目測でしかなく、すこしでも地を離れると、手を叩いたり、万歳を叫んだりの状況のようだった。(『万朝報』記者)

12月19日、日野熊蔵・徳川好敏大尉が初飛行に成功……将来我が国の飛行機を語る者はこの光輝ある両大尉の献身的事業にまず感謝せざるべからず。(『東京日日新聞』)

1911(明治44)年~翌年にかけ、自身が設計の機体、日野式飛行機を製作。歩兵少佐・歩兵第24連隊付の身で負債を抱えてまでの飛行機開発が軍人にあるまじき行為として左遷された。
1919（大正8）年、40歳。部下の失態で引責、軍人を辞め生活は困窮したという。

飛行機唱歌（歌詞・日野大尉、曲・岡野貞一）

一、勇み立ったる推進機《スクリュー》の　響きは高し音高し
　時こそよけれ放てよと　弓手を挙ぐる一刹那
二、空を目がけて驀地《まっしぐら》　登ればやがて飛鳥《とぶとり》の
　背中も見えて白雪の　富士も目の下脚の下　（以下略）

徳川　好敏（東京）

飛行家　1884（明治17）年〜1963（昭和38）年
徳川篤守（清水家）[*1]の長男。陸軍士官学校・工兵科卒。
1910（明治43）年12月19日、徳川大尉、3000メートルの大飛行。アンリ＝ファルマン式複葉機（50馬力・全長12m）で飛ぶ（高度70m・距離3km）。
――順当にゆけば伯爵家の当主なのだが、父篤守が家臣のために謬《あやま》られて、一家滅亡の悲

運（礼遇停止）[*2]にあい、不遇幾多の辛酸を隠忍せねばならなかった。堅実質素を旨とせる武人を選び、冒険的なる飛行界に投じて営々として始終しつつあるは、君国に奉持し以て家門の汚れを一掃せんと志したる為にはあらざるか。（『現代之人物観無遠慮に申上候』）

1910（明治43）年、日野大尉とともに欧州派遣。帰国後、代々木練兵場でアンリ＝ファルマン式による日本初の飛行を行う。

——代々木原頭に駆けつけたるは山川健次郎博士、井上少将、徳永隊長、田中館博士以下相次いで参集、場外には群衆詰めかけて……徳川大尉、座乗部に上がれば、轟然、また爆然、発動機の響きは百雷のごとく、推進器は疾風を起こし猛進すること暫し、約1500mの距離を往復すること前後27回、この間、時どき2m乃至6m地を離れて浮揚し、これにて滑走試験を終えたるをもって地を蹴って空中に浮遊せり。雄姿は70mの高空にかかり疾走矢のごとく、前後2回の大円形を描きて3000mの距離を飛行し、群衆の歓呼の声に迎えられ下降せり。（『東京日日新聞』明治43年12月20日）

1922（大正11）年、陸軍所沢飛行学校教官。

1927（昭和2）年、飛行第一連隊長。10年、中将、19年、航空士官学校長。

名門の出なのに苦労した徳川好敏は初飛行で大人気、出世する。一方、日野熊蔵は花やかで一時は好敏より人気があったが、初飛行以後は不遇であった。軍が技能より徳川の名をとったのもありそうだ。

＊１　清水家：御三家に次ぐ家格10万石。十代将軍家治の弟が江戸城清水門内に屋敷を与えられ一家をたてたのが始まり。

＊２　礼遇：皇室から受ける特別の待遇

参考：『ニュースで追う明治日本発掘』河出書房新社（１９９４）／『日本人名辞典』三省堂（１９９３）／『現代之人物観無遠慮に申上候』河瀬蘇北　二松堂書店（１９１７）／『家庭十二ヶ月・一月の巻』啓成社（１９１０）／『家庭十二ヶ月・一月の巻』啓成社（１９１０）／『飛行機唱歌』共益商社（１９１１）

＊＊＊＊＊＊＊＊

この飛行機初めて物語からおよそ１００年、令和2年コロナ禍中の航空界は、〈現場落胆「計画終わった」三菱ジェット凍結〉厳しい状況である。

国産初のジェット旅客機として話題と期待を集めてきた三菱のスペースジェットの開発

費の大部分が削減され、開発は凍結されることになった。（『毎日新聞』２０２０年10月31日）

2015年1月10日（土）

名誉は高く謝金は低くの弁護士、野澤雞一

いつの時代もニュースの種は尽きないが、明るいニュースがあればホッとする。なかでもスポーツ選手の活躍には励まされる。テニス錦織圭選手がブリスベン全豪オープンで勝ち抜く姿が幾度も放送され、コート際の文字 Brisbane をみるたび旅の思い出がよぎる。

メジャーリーガー・イチローがまだ日本で活躍していた時代、オリックスの優勝旅行でブリスベンのホテルに泊まっていた。

折しも12月、オーストラリアはグリーンクリスマス、そのホテル前を通るだけでも愉しかった。市内見物、コアラ見物、シドニー湾クルーズどれも懐かしい。今、海外旅行は珍しくないが、１５０年昔は大変だった。

しかし、幕末明治の若者は困難を厭わない。留学機会を得られれば喜び勇んで海を渡り、学問を身につけた。戊辰戦争で辛酸をなめた野澤雞一《のざわけいいち》もその一人である。

野澤雞一（福島県）

1852（嘉永5）年、陸奥国野沢村（野沢原町／福島県耶麻郡西会津町）で生まれる。

本姓、斉藤のち野澤。父・兵右衛門は里正（庄屋）、母・石川氏。幼名・九八郎。

14歳、渡部思斎の研幾堂で法律や経済などについて学んだが、16歳の時、会津藩医・大島瑛庵に従い、英学を志し長崎へ向かう。

1867（慶応3）年、長崎行きの途中、京都に立ち寄る。折しも、山本覚馬が長崎から横山謙明を招き、会津藩洋学所を開き他藩の学生も教えていた。野澤は覚馬を訪ねて入学、学業が進歩するに及んで、会津藩主より三人扶持を賜り、臨時藩士となる。

1868（慶応4）年、鳥羽・伏見の戦い。

4月、薩摩藩兵が会津洋学所を襲い16歳の野澤は陣所の相国寺に連行され、山本覚馬と共に京都薩摩藩邸に幽閉される。この幽閉中、覚馬は眼病を患っていたので、野澤は、覚馬が将来の日本のあるべき姿を論じた建白書『管見』を口述筆記。

6月、野澤は京都府の（旧幕府町奉行所）六角牢獄に移されると、獄舎獄則は惨憺たる有様。このとき虐待され野澤は足に障害を負った。

9月、数回の尋問を経て放免されると、年号は慶応から明治に替わっていた。

1968（明治元）年、明治天皇即位と改元の大赦により釈放されたが、歩けないほど弱っていた。それを見かねた役人が憐れんで看護費用を与えてくれた。ところが、看護人が金を持ち去ってしまい食べるにも困窮した。あまりの仕打ちを嘆く野澤少年を奥州生まれ（江戸とも）の侠客・鉄五郎が助けてくれた。この時の艱難辛苦、後年の野澤の裁判官、弁護士の仕事に活かされる。

1869（明治2）年、獄中の野澤を尋問した山田軌という人物が、17歳の野澤を引き取り寄食させてくれた。

1870（明治3）年、山田は野澤をドイツから帰朝した小松済治（横浜地方裁判所長）に預け、学資を出して野澤を大阪開成所へ入学させた。ここで野澤は星亨と親しくなる。

1871（明治4）年、横浜の神奈川県立英学校「修文館」（教頭・星亨）に移る。『英国法律全書』を星と共訳。この本は、イギリスの法律を学ぶ日本の政治家や学生に活用され、法律整備の先駆けともなった。

1872（明治5）年、大蔵省税関・星亨の推薦で大蔵省入り、横浜税関職員など歴任。

1875（明治8）年、新潟税関長代理に任命される。

渡米、アメリカのエール大学で法律学を学ぶ。帰国後、星亨の義妹と結婚、星の政治活動を支えた。のちに星亨の伝記を編纂。筆者が野澤雞一の名を知ったのは『星亨とその時代』（東洋文庫）の編纂者としてである。

1878（明治11）年、代言人（弁護士）の免許を得、官を辞し民に生きることにした。

1882（明治15）年、福島事件において星と一緒に弁護活動を行う。

1889（明治22）年、さらに知識を深めるため再渡米。

ニューヘーベン法科大学で学び、ヨーロッパを廻って帰国。のち神戸地裁判事を経て公証人となり、銀座に公証人役場を設けるなど、日本の法整備やその確立において多大な貢献をした。

代言人の仕事ぶりは、親切で困苦困難に陥った人をよく助けた。放火未遂の被告の娘を無実の罪から救った事もある。（『高名代言人列伝』）

1923（大正12）年9月、関東大震災に遭い蔵書が全部灰になる。

〈余談〉

『閑居随筆』（慶応大学図書館蔵）「閑居随筆前加言」に蔵書消失とあり、幕末から昭和までの激動をくぐり抜けた人物の記録が失われ残念に思った。弁護士という職業柄、種々の記録を有していただろうに、災害は文化も襲う。生涯をなぞっただけでも興味深い人物だが、伝記がないのは惜しい。

『閑居随筆』の題から、ご隠居のゆったりした話柄を想像したが内容は深く、文章も漢文調で筆者には難しい。目次から一部紹介——人心・易学・偶感漫語（利・時宜・貿易主義・無死・国民・満蒙領有・空間時間その他）。

ちなみに、従兄の石川暎作は大蔵官僚で経済雑誌の記者。『アダムスミス富国論』を翻訳。明治19年、28歳の若さで死去。（『岩磐名家著述録』福島県立図書館（1941））

1932（昭和7）年、死去。享年80。

野の澤の蘆邊の蔭の釣小舟　翁寝けん艫先のみ見せ
なへて世の人の云ふまま打捨てて　我を立てねは心安かり

参考：福島県観光交流局HPより／西会津商工会HP／『高名代言人列伝』原口令成（1886）／『大堀（旧野沢）雑一君小伝：福島県第四撰挙区衆議院議員候補者』山寺清二郎（1892）／『閑居随筆』野澤雞一（1933）

2015年1月17日（土）

明治の仙台、新聞のはじめと発行人（宮城県）

残念ながら、この世界から戦争は無くならないばかりか、残酷な事件も少なくない。毎週、利用している日比谷線八丁堀駅、20年前に地下鉄サリン事件が起きた場所である。そのことを自覚する前と後では、ニュースの受け取りが違う。発生直後の交信記録や後遺症に苦しむ人たちの存在が身近に感じられ、記事を読むたび今なお、ぞっとする。暗いニュースが続くと不安にかられ新聞から目が離せない。インターネットやテレビがあっても、自分は紙の新聞の方がいい。その新聞、現代は日刊で毎日読めるが、明治初期は発行も経営を維持するのも大変だった。地方は尚更だろう。

例えば、東北仙台の新聞発行の始まりはどうか。

仙台と新聞

1873（明治6）年4月3日、仙台で初めて木字活版を用いた「宮城新聞」、大町4丁目の知新社により発行された。メンバーは宮城県士族・太田有孚《ゆうふ》、山岸譲、木村一知《かずとも》、横沢浄、矢吹董ほか。

6月5日、県内2番目の題号「官許東北新聞」（東北新聞）創刊。木字活版で官報と一般記事を載せ、美濃紙四つ折りの冊子型で値段は一部2銭5厘、不定期刊行。宮城県士族・須田平左衛門、水科禎吉ほか藩校・養賢堂の傍らを借りて印刷していたが相愛社を組織、二日町表小路の角に社をおいて4号活字を用い機械で発行。

1875（明治8）年、新聞紙条例発布。

処罰の禁獄の刑、はじめ自宅禁錮だったが翌9年より監獄入りとなった。新聞の改題、経営よりも次にみるように新聞紙条例のほうが大きいようだ。

1877（明治10）年2月、東北新聞を「仙台新聞」と改題、4ページだての隔日刊。社長・須田平左衛門は激しい民権論を展開したので弾圧され、獄につながれた。

5月25日、須田は獄中で自刃。翌26日没（病死という説も）38歳。須田平左衛門は雄弁で、政談演説会を開いたり第七十七銀行の創立を図るなど先覚者であった。

主筆・高橋真卿

水戸藩士の子で号を羽皐。「甲府日日新聞」をふりだしに「茨城新聞」「宮城日報」「仙台日日新聞」の主筆をつとめた。

ちなみに、新聞紙条例により「仙台日日新聞」で禁獄1ヶ月、明治10年1月、「甲府日日新聞」で禁獄50日の処罰を受けている。（『筆禍史』宮武外骨）

1885（明治18）年、東京感化院（錦華学院）を創設。

1924（大正13）年死去。

福島事件*1で交友が多く連座するのをみて、上京後、戯作者に転じる。

1878（明治11）年1月、「仙台新聞」を「仙台日日新聞」と改題、県下初の日刊紙となり、東京や近県に販売店を拡張する。

1880（明治13）年5月、播磨屋久治、禁獄1ヶ月。同年、「陸羽日日新聞」、明治16年「奥羽日日新聞」と改題を重ね、福島事件後の自由民権派退潮のなか県下発行部数第一となる。

1903（明治36）年1月、「奥羽新聞」と改題するが、後発の「東北新聞」や「河北新報」（一力健治郎）に押されて経営不振に陥り、翌年廃刊。

1879（明治12）年、「宮城日報」創刊。

1880（明治13）年4月、岡島新次郎、禁獄1ヶ月に処罰される。11月、「福島毎日新聞」と合併し「仙台福島毎日新聞」と改題。

1881（明治14）年7月、「仙台福島毎日新聞」を「仙台絵入新聞」と改題。

1889（明治22）年、市制実施当時の仙台市の新聞は、「奥羽日日新聞」「東北朝日新聞」「民報東北毎日新聞」（のち「仙台新報」）の3紙。

1892（明治25）年、「東北新聞」「東北日報」「自由新聞」が発行され、「東北毎日新聞」など廃刊。

1897（明治30）年、「河北新報」*2創刊。

結局、「東北新聞」と「河北新報」が残り互いに競争。やがて日露戦争となり戦況速報にしのぎを削る。

1910（明治43）年5月、「東北新聞」は松田常吉社長の死去により廃刊。残った「河北新報」の独占時代となる。

1916（大正5）年、仙台市内の日刊新聞。「河北新報」（東三番丁）、「仙台日日新聞」（大町五丁目新丁）、「東華新聞」（木町末無）の3社があり、いずれも政党政派の機関を標榜していない。

――「河北新報」はまさに智者である、「仙台日日新聞」は仁者の風を存し、「東華新聞」

は勇者であろう、と『仙台繁昌記』にある。

＊1　福島事件：1882（明治15）年、福島で起きた自由党員・農民弾圧事件。

＊2　河北新報：『けやきのブログⅡ』（2014年6月14日）より〈明治・大正、屈指の地方史を築き上げた一力健治郎〉を参照ください。

参考：『仙台繁昌記』富田広重・トの字屋（1916）／『明治時代史大辞典』吉川弘文館（2012）／『仙台藩人物誌』宮城県編（1908）／『明治時代の新聞と雑誌』西田長寿・至文堂（1961）／『コンサイス日本人名辞典』三省堂

＊＊＊＊＊＊＊＊

2021年3月21日、第68回NHK杯囲碁トーナメント戦優勝は一力遼。天元と碁聖二冠の囲碁棋士で河北新報新聞記者。河北新報社社主で有段者だった祖父一力一夫の手ほどきで5歳で囲碁を覚える。父雅彦は河北新報社社長。

2015年1月24日（土）

馬引きから立身した県会副議長、岩崎亀治（岩手県）

明治・大正の人物を調べるとき、同時代人の人物評はありがたく、よい手がかりになる。100年以上昔の刊行物はそれなりに残され、地方で埋もれた人物を知るのにいい。ただ、その編著者の観察眼、評価が適当かどうか2、3冊では分からない。しかし、他になく、紹介しながら不安な時がある。政治家の場合は著者がその人物と同じ側ならどうしたって甘くなるだろう。甘いから悪いと決めつけられないが、偏り過ぎはまずい。まあ、筆者は学者じゃなく、ただの歴史好き、あまり深刻になると何も書けないからできる範囲で書いている。しかし、岩崎亀治については、『岩手県一百人』の「世に伝ふる価値がある」をそのまま受けとりたい。

その『岩手県一百人』の人物評、後藤新平・斎藤実・原敬ほか有名人はもとより無名人物に対しても辛口が多い。でも、貶すだけではなくほめる所はほめている。何より岩崎亀治の元気が面白い。引用して紹介したい。

岩崎　亀治

1848（嘉永元）年10月、気仙郡高田町（岩手県陸前高田市の中心地区）に生まれる。

1861（文久元）年、13歳。一ノ関町にある商店の丁稚小僧になり17歳まで働く。商売のこつを覚えると、いつまで人の下にいるより独立をしようと考え、ひとまず郷里の高田に帰った。帰郷すると、独立資金をつくるため父に馬一頭を借り、翌日から馬を引いて荷物を運んで駄賃取りをはじめた。

ちなみに子どもに与えるお駄賃、駄馬が荷物を運んで得る運賃からきている。


亀治は駄賃を貯めた3両を懐に一ノ関に赴くと、草履・下駄を仕入れた。そしてこれらの品物を背負って気仙郡の海浜を行商して10両貯める。次は荒物と布を仕入れて行商、倍に増やし20両を手にする。亀治は次に仙台で小間物売りをすることにした。

仙台の小間物商・高橋甚之助は亀治の仕入れの仕方をみて「凡物にあらず」と感心、亀治を見込んで20両の資本に100両以上の品物を貸した。

亀治はこれらを売り捌いては仕入れを繰り返し、大いに儲けた。愛想がよく女心の機微も心得ていた亀治は、小間物つまり女の身の回りの品や化粧品をたくさん売って金を貯めた。亀治は小売をやめ、卸商になる。

卸商となった亀治は、小売商人の誰彼なく貸し売りをしてやった。ところが正直者ばかりではないから貸し損が増え、ついに300両以上の負債を負ってしまった。

1873（明治6）年、多額の負債を負った亀治だが自分の不明を恥じるだけで、人を恨まなかった。やがて古本の売買をし儲かるようになった。3両の駄賃から始まった商売は、10年を過ぎ財産は2千両以上にもなったのである。

「衣食足りてはじめて礼節を知る」

亀治自身が不学のために不便を感じていたから、郷土の子弟のためにも教育を盛んにしようと亀治は学を志し、行動を起こす。

1874（明治7）年、26歳の亀治は高田町の有力者に小学校建設の企画を説いて廻る。ところが、有力者らは「農業商業の子弟は研学の必要なし」と言うだけでなく、「学校を建て教師を常設すれば、その給料その他費用を賦課徴収される」と絶対反対が多かった。

このような状況で小学校建設の計画は挫折しかけたが、亀治はあきらめなかった。商売を止め自ら学びつつ寝食を忘れるほどに奔走、遂に学校（のちの高田町役場）を建てた。

――（学校ができても）学事が振るわないとみると、教師の里見勲を援助して、無報酬で半年間児童の開発教育に従事した（おそらくボランティアで授業）。

この後、亀治は県の学務係から伝習所に入るよう勧告され、晩学ながら袴を着けて磐井師範校伝習所に入学。

卒業後、4等訓導*1として盛郷猪川村に新築された小学校で教鞭をとる。そのかたわら、立根・安養寺の住職・及川良順と協力して立根の教育にも3年ほど係わった。20歳代後半を教育につくした亀治、気仙郡教育上の恩人といえる。

1878（明治11）年、30歳になった亀治は袴を脱いで、つまり小学校の先生を辞め再び実業界に入った。今度は木材を扱い、漁業にも携わり数年で4万円ほど利益をあげた。

1885（明治18）年、コレラが大流行。景気も悪くなり、亀治の事業もつまずいたが、奮起して鰹節を大阪で売って復興に寄与し、事業を拡大した。

1896（明治29）年6月15日、三陸大津波。死者27，122人、流失破壊の家屋10，390戸という大災害になった。

東北の太平洋岸は1933（昭和8）年にも大きな地震と津波に見舞われた。また、東日本大震災（2011年3月11日）に遭い未だ復興の途上だ。それに加えて原発事故もあり、いっそう厳しい。

『古今災害写真大観』（玉井清文堂（１９３５））に、図上・釜石の家に襲来した海嘯《かいしょう》、右下・雨戸板に座し海上に漂う老女が漁夫に救い上げられる所、左下・勇婦が家族４人を救出する写真がみられる。

亀治も資産を減らしたが、今度は儲け仕事をせずに精神的快楽の方、茶道や碁を楽しむことにした。風流自適の晩年をおくるが役職は果たした。村会・町会・郡連合会・郡会などの議員、郡参事会員、所得税調査委員、破産管財人など。

１９０３（明治36）年、岩手県会議員に選挙され副議長となる。55歳。

――県会議員といえば、放埒で、不品行で、法螺吹きで、無責任で、軽薄で、狡猾で、収賄詐欺をもって職業となすものの代名詞なるかと思わるる程、岩手県の県会議員の多くは腐敗し堕落して居るは事実であるけれども、三十頭顱《とうろ》（頭の骨・どくろ）ことごとく然り断言するは聊《いささ》か苛酷である。中には血あり、涙あり、骨あり、気概あり、正義を重んじ名分を明らかにし真面目にして誠実なる人物も股少なからず、副議長・岩崎亀治氏の如き慥《たし》かにその一人である。ただに敬愛すべき県会議員であるのみならず、困難の中に活動し、辛苦の間に奮闘したる氏の既往の経歴は、成功の亀鑑として世に伝ふる価値がある。

貨殖の秘訣

記者（阿波直道・泥牛）が、如何にして金を貯うるやと問いしに、岩崎亀治いわく「不要の金を使わず、必要と雖もこれを弁ずるを延期するのみ」と。記者思えらく、是れ吾人日常座右の箴《いましめ》とすべきである。

＊1　訓導：太政官布告による小学校の正規の教員の職名。中学校は教諭。

参考：国会図書館デジタルコレクション／『岩手県一百人』阿部直道・泥牛　東北公論社（1935）

＊＊＊＊＊＊＊＊

〈**特別展『3・11大津波と文化財の再生』**〉　東京国立博物館保存修復課長・神庭信幸

2011年3月11日、地震による大津波は東北の太平洋岸に所在する文化財に甚大な被害をもたらした。東京国立博物館は全国の仲間と文化財レスキューに参加し、被害が大きかった陸前高田市立博物館の被災文化財の再生に取り組んできた。今も懸命な作業が続く

文化財の再生事業について伝えたいと特別展を開催。特別展のキーワードは

①「文化財のレスキュー」福島県では今も続いている。

②「安定化処理」海水に浸かり汚れ劣化の恐れがあるものを修理して安定化処理。

③「絆」奇跡の一本松のあった高田松原にあった石川啄木の歌碑が失われたが、博物館に拓本が残されていたため、碑文を伝える貴重な資料となった。陸前高田の幼児教育の先駆者・村上斐《あや》のオルガンは震災後専門家の支援を得て音色を取り戻した。それぞれの物語を大切に再生している。

東京国立博物館　本館特別2室・特別4室　2015年1月14日～3月11日

同時期開催：みちのくの仏像

（上野のれん会発行『うえの』2015年1月号より要約）

2015年1月31日（土）

妻にふられたお陰で　昌平黌教授、安積艮斎（福島県）

明治人を調べていると「昌平黌《しょうへいこう》つながり」がみられる。諸藩の熱意ある若者が集う昌平黌では師弟の情、友情も生まれる。出身藩により立場が分かれる幕末期、佐幕・尊皇一辺倒でないころは藩を背負わず、気の合う友人同士、思うままに行動できた。

ペリー来航時には友人と浦賀や房総に出向き、海外防備の重要性を改めて認識しあった。しかし、政治がからまると昌平黌は幕府の学問所なのに、尊皇攘夷の空気が漂い、やたらに剣を振り回す者がいた。また、会津の南摩綱紀のように洋学を学ぶ者も出てきた。ついには過激な方へ走る者もいた。その最激派が天誅（忠）組の松本奎堂である。

奎堂と尊皇の志を同じくする昌平黌の仲間に仙台藩士・岡鹿門、大村藩士・松林飯山がいた。この三人はのちに大阪で勤王の塾、双松岡を開く。

飯山は安積艮斎《あさかごんさい》の同門、本間精一郎を松本奎堂に紹介、すると二人はすぐに意気投合。「昌平黌寮名簿」をみると、学生名と藩主、師（安積門・古賀門・佐藤門・林門など）が分かる。

安政期をみると安積門が多く昌平黌以外にも門人が多い。土佐藩の岩崎弥太郎（三菱財閥の創始者）はよく知られる。昌平黌といえば林家とか古賀家のイメージだが、安積艮斎はどのような学者か、漢学・漢文は分からないがちょっと気になり見てみた。

安積　艮斎（福島県）

幕末期の儒学者　1791（寛政3）年〜1860（万延元）年。

陸奥国安積郡郡山（福島県中央部）、神官・安藤親重の子。名は重信。号は思順。

幼くして二本松藩儒・今泉徳輔に学び「この児怖るべし」といわれるほど優秀であった。1807（文化4）年、16歳。隣村の里正（庄屋）今泉家の養子になったが、艮斎は醜男で風采があがらない上に読書が好き、野良仕事が手につかない。妻も舅も艮斎が気に入らない。現代なら高校生、若い夫婦の感情は無理もない。当然面白ぐない日を送っていると、郡山に大火があった。すると、舅は艮斎に屋根葺き用の藁を売りに行くよう命じた。

艮斎は二頭の馬にたくさんの藁を積んで郡山へ行き半日で売りきったが、儲けは僅か。艮斎は掌にのせた銭を見て嘆息、「われ二馬と共に半日を費やして僅かに数緡《すうびん》（銭を差し通したひも）を売るに過ぎず。何ぞそれ賤なるや。男子の志を成して、富貴を取らん」そういうと、馬を町外れの林の中につないで飄然と江戸に上ってしまった。

養家を出奔した17歳の艮斎、なんとか千住まで来たが旅費が尽きた。途方に暮れていると、江戸本所馬場町妙源寺の住職・日明が声をかけてくれた。事情を聞いた日明は艮斎を寺へ伴い、艮斎の学力を知ると佐藤一斎に紹介してくれた。お陰で一斎の門人となり学僕として住み込み、雑用をこなしつつ勉学に励んだ。夜中、眠くなると煙草の脂を瞼に塗りつけ眠気を追い払い勉強したという苦学中の話が伝わる。

1810（文化7）年、19歳。初めて江ノ島に遊び書いた紀行文は名文と讃えられる。

1813（文化10）年、昌平黌に入り、林述齋（林家中興の大儒）に学ぶ。

1814（文化11）年、神田駿河台小川町に私塾・見山楼を開く。

朝な夕な富士山と対面というのが見山楼の由来である。まもなく、町内の井戸恬斎《てんさい》と子の浩斎《こくさい》を知り、酒を飲み史を論じ、あるいは詩を賦して交わった。井戸父子は艮斎の赤貧洗うが如し、あまりに貧しいので同情し塾を応援した。父子の口コミのお陰もあり生徒が集まるようになったが、艮斎は終生、その徳を忘れなかった。

1836（天保7）年、二本松藩の藩校の教授に招かれる。

藩主の御前、春秋左氏伝を大河の流るるごとく滔々と講じると、満座の誰もが熱心に耳を傾けた。博覧強記の艮斎は諸子百家の書を読破、古今東西及ばぬところがなかった。

1850（嘉永3）年、60歳。師の佐藤一斎と共に昌平黌の教授に挙げられる。艮斎は学者が一派に拘泥して壷中の天地に縮こまっているのはよくないと、林大学守一派の学派（朱子学、当時の官学）とは別に一派をたてた。その学は、程朱陸王漢唐老荘[*1]の諸派の枠をとり、打して一丸とする創見に富んだものであった。

1853（嘉永6）年、ペリー来航。翌7年、ロシアのプチャーチン来航。艮斎は国防にも関心をもち、またアヘン戦争に刺激され『海外紀略』を著す。

また艮斎は、ぼさぼさ頭で身なりを構わず、談論を好み口角泡をとばして我を忘れ、天真爛漫なところがあった。終生人の短所を言わず、楽しみは山水の遊覧だけだったという。その艮斎、机近くにいつも婦人の絵を掲げていた。絵の女性はかつての妻、妻に愛されていたら家庭におさまり今の自分がなかった。発憤させてくれた恩を忘れない為という。

1860（万延元）年11月21日、昌平黌官舎で没。享年69。

南葛飾郡綾瀬村堀切妙源寺に葬られたが、東京府の区画整理で寺と共に墓も移転。詩文家としても名声を得た艮斎は、松崎慊堂・古賀穀堂らと親交を深め、その詩文『艮斎文略』は大いに読まれた。多数の著作を残している。

＊1　程朱陸王漢唐老荘（程朱）：（程朱学）北宋の程兄弟と南宋の朱熹の唱えた儒学（朱子学）。
陸王：（陸王学）宋の陸象山と明の王陽明の学説。
漢：（漢書）中国の史書。
唐：中国の史書・唐詩。
老荘：道教のもとを開いた老子と荘子が唱えた思想・学問。

参考：『人物の神髄』伊藤銀月　日高有倫堂（1909）／『先哲叢話』坂井松梁　春畝堂（1913）／『成功百話』熊田葦城　春陽堂（1926）／『贈位功臣言行録』河野正義　国民書院（1916）／『コンサイス日本人名辞典』三省堂

＊＊＊＊＊＊＊＊

続〈特別展『3・11大津波と文化財の再生』のご案内〉

〝よみがえった明治の響き――津波で損傷　修理のオルガン〟

毎日新聞（2015年2月1日）に、オルガンを弾いている写真と上記見出しの記事があった。現存しない国内メーカー「海堡」が明治時代に作り、数台しか残っていない貴重な楽器という（3月15日まで展示）。

2015年2月7日（土）

なりふり派手な尊攘派浪士、本間精一郎（新潟寺泊）

２０１１年3月以後、主に東日本大震災と原発事故で被災した福島・宮城・岩手の人物を取り上げているが、教えられることが多い。戊辰戦争に敗れたため、貧困に陥ったばかりか明治維新後の生きる道をも狭められた学者・教育者・官吏・商人、どの分野でも共通するのは、苦境にくじけず刻苦精励する姿だ。

維新の貢献者として表にでるのは南西日本の出身者が殆どであった。東北人は志があり能力があっても、選挙や試験のない時代、出身派閥に恵まれないと表舞台に立てない。しかし、それを乗りこえ奮闘努力で名を成した東北人は少なくない。東北の頑張り、今は大震災からの復興に立ち向かっている。ささやかな応援の気持ちを持ち続けたい。

ところで、いよいよ戊辰の戦となり奥羽越列藩同盟が結ばれたが、そうした列藩中にも勤王の士がいて、それぞれの藩内で葛藤があった。

仙台藩の岡鹿門は、江戸の昌平黌につながる幅広い人脈があり、京都・大阪に滞在し時勢を見る目が養われ、情報をすべて仙台へ送っていた。しかし、藩論を左右するまでには至らず、仙台に戻り列藩同盟に反対すると罰せられた。同様の事は他藩にもあった。

筆者は会津人・柴五郎（本書P189を参照）の伝記を書いて以来、すっかり会津贔屓《びいき》になっている。東北諸藩のなかに列藩同盟参加に反対する者がけっこういたのにはがっかりした。しかし、激動する情勢を立場をこえて眺め、先行きを考えれば意見や立場が割れるのは仕方がない。

海の向こうから黒船はやって来るし、激動する時勢、じっとしていられないのは藩士だけではない。遠隔地の若者をも突き動かし駆り立てた。特に目立ったのが越後（新潟県）の尊攘派浪士・本間精一郎だろう。

なにしろ美服に長刀という派手ないでたちで東奔西走、弁舌をふるったあげくに暗殺される。東北越後の出でも本間の気質は東北人とかけはなれて見える。どうしてそうなのか。

本間　精一郎

1834（天保5）年、新潟県三島郡寺泊で生まれる。名は正高・純。精一郎は通称。字は至誠・不自欺斎。仮名を名張長之助。

祖先は佐渡国守護職といわれ、郷士格の身分。本間家は寺泊で酢の醸造をし京阪方面にも取引先があり、大庄屋・町役人などもつとめ栄えた。

1848（嘉永元）年、14歳。この頃、昌平黌教授・佐藤一斎の門人、斉藤赤城の門で6年間学んだ。やがて、北越の天地は己を容れるには小さいと思い始める。

1853（嘉永6）年、アメリカ東インド艦隊司令長官ペリーが浦賀に来航。

本間は江戸に出て勘定奉行・川路聖謨を訪ねる。川路は佐渡に奉行として赴任したことがあり、ツテがあったと思われる。また、志に耳を傾けてもらえそうと思ったのだろう。ともあれ中小姓*1として川路聖謨に3年ほど仕えた。


1858（安政5）年正月、本間は堀田老中の命で京都に赴く川路の供をしたが、間もなく江戸に戻り、昌平黌に入学する。

昌平黌では学問に励むより、安積艮斎の同門の大村藩・松林飯山（長崎）や刈谷藩・松本奎堂（静岡）、水戸藩・薩摩藩の日下部伊三次（茨城・鹿児島）ら志士たちと交わった。

やがて、日米通商条約締結に不満の勅諚《ちょくじょう》（戊午の密勅）に関連、頼三樹三郎、日下部らと共に幕府の役人に追われ伏見に逃れた。しかし捕まって入獄、半年ほどで釈放された。この頃から、京都・江戸で尊攘派浪士が次々と捕らえられ、翌年、安政の大獄起こる。

本間は釈放されたが、なおも活動を続ける。大阪の双松岡（松本奎堂・岡鹿門・松林飯山の勤王塾）に出入りし、事を謀り実行の相談をしたりする。

また讃岐（香川）に赴き、子分が千人もいる日柳燕石の家に逗留して意気投合。さらに土佐にも長州にも赴き、勤王攘夷の急先鋒として花やかに活動したが、事は思うようにはこばず志を得なかった。

1862（文久2）年4月、薩摩藩の島津久光が藩兵をひきいて上京。本間ら尊攘派浪士は倒幕の時期至れりと張り切って、京都の長州藩邸に赴き、高杉晋作らに薩摩に続けと説いた。しかし、島津の考えは公武合体にあり、朝廷の意を受け、浪士の軽挙妄動を戒めた。さらに浮浪を鎮撫せよとの勅命に従った。尊攘派浪士は納得せず、倒幕挙兵を企て寺田屋事件が起きた。寺田屋に集結した尊攘派志士と薩摩藩士が乱闘、薩摩藩尊攘派志士が殺害されたのである。

この騒動で本間は個々に運動しても回天の業は遂げられないと悟る。同志の清河八郎らと情勢を窺いつつ、三条家や青蓮院の宮など公家の間に出入りし倒幕を画策。公家と志士の間をつなぐ役目をしていたようだ。

ところで、雄藩の出身ではない本間は自由に薩摩、長州、土佐を批判した。そのうえ、美服をまとい長刀を好み容姿颯爽として雄弁、また酒食に溺れるところがあり、反感を抱く者も多かった。本間の金銭感覚は軽輩の浪士らと違っていて非難されることがあった。

1862（文久2）年8月21日夜、ついに先斗町の遊郭からの帰途、待ち受けていた本間の同志ともいえる勤王急進派の薩摩、土佐の志士に襲撃され斃された。

暗殺者らは本間の死骸を高瀬川に捨て去り、首を四条河原に梟《さら》した。

享年29。

本間の人物評には傑物と姦物・姦雄とがあり、評価が定まっていないようだ。

＊1　中小姓：常に側にいる寄寓書生のようなものらしい。

参考：『越佐維新志士事略』国弊中社弥彦神社越佐徴古館編（1922）／『維新の史蹟』大阪毎日新聞社京都支局　星野書店（1939）／『北越草莽維新史』田中惣五郎　武蔵野書房（1943）／『明治維新運動人物考』田中惣五郎　東洋書館（1941）

2015年2月14日(土)

明治の軍医制度確立、石黒忠悳(福島/新潟)

小学生の頃隅田川の土堤で遊び、船上から両国の花火を楽しんだ。それで、早稲田のオープンカレッジ・龍澤潤「隅田川沿岸の産業史」を受講。隅田川沿岸という限られた地域の話かと思いきや、江戸から明治への変化が見てとれる内容だった。

幕末明治の激動の時代、人々はどう生き抜いたか。また、市場や流通の仕組みを読み解いて世相を窺い、川を往来する船頭が想像できたり、歴史が身近に感じられた。

講座資料「河岸荷物運賃に関する書状」に、「去戌年中麻疹流行後、病身休業之もの多く有之」(麻疹の流行により船頭を休業する者が増加)があり、目が留まった。

文書の年代は不詳とのことだが、「戌年」は麻疹が大流行した1862(文久2)年ではないかと思う。この年、麻疹は各地で猖獗《しょうけつ》をきわめ、長崎に来航した西洋船から始まり江戸から東北まで拡がっている。

たまたま、尊皇攘夷の天誅組の松本奎堂が文久2年、書生を連れ淡路島へ「遊歴売文」

に出かけ、書生（山東直砥）が麻疹に罹ったという資料を見、麻疹流行が気になっていた。

——（麻疹の流行は）聖武天皇の729（天平元）年を以て初めとす。その後……下って1803（享和三）年（死者多数）……1824（文政七）年、1836（天保七）年そして1862（文久二）年もまた大流行。（『古今博聞叢談』文林堂（1892））

——文久二年の流行は天保より激しく命を失う者幾千人なりや、寺院は葬式を行うに遑《いとま》なく、日本橋上には棺の渡ること一日、二百に及べる日もありとぞ。（『武功年表』）

1885（明治18）年、全国的に大流行し、東京では芝居の子役不足になったという。また東京警視本署より、「麻疹患者を診する医師は最寄り警察に届けしむ」「浜離宮へ御幸に付き麻疹患者ある家族御列に接近を禁ず」という布達が出ている。

麻疹を国会図書館で検索すると、治療・薬に加えて、大学東校官版・石黒忠悳《ただのり》訳述『疫痢論・附録麻疹略論』があった。出版年不詳だが、石黒の肩書、大学少助教からすると明治3〜4年の出版ではないか。

訳述にしては原書名がないが、本文に「米英の諸家は〜」とあるから何冊かを参考にしたようだ。石黒忠悳には『懐旧九十年』（岩波文庫（1983））という自伝がある。江戸時代に生まれ昭和まで生きた90年の生涯はとても興味深い。

石黒　忠悳

1845（弘化2）年、幕府代官手代（御家人）平野順作の長男。父の勤務地、岩代国（福島県）伊達郡梁川で生まれる。

1847（弘化4）年、父の転任で甲州（山梨県）市川に移る。のち父の甲府陣屋転任で甲府に。

1852（嘉永5）年、父の任期満ち江戸に帰り、浅草に住む。

1855（安政2）年10月、大地震。11月、父死去40歳。母も翌年37歳で死去。

1859（安政6）年、天涯孤独となった忠悳は勤皇に目覚め京都へ赴く。

安政の大獄。忠悳の父が尊敬する川路聖謨も幕府の嫌疑をうけ明治元年に自殺するが、後年、忠悳は川路の書を手に入れ、その軸を父の命日に霊前に捧げた。

1860（万延元）年、（新潟県）越後片貝村、父の姉の嫁ぎ先の石黒家の養子となる。

1861（文久元）年、忠悳は17歳で安達久賀子と結婚。私塾を開く。

1864（元治元）年、20歳のとき江戸・下谷の医家、柳見仙に医と洋学を学ぶ。

1865（慶応元）年から4年、江戸医学所に入る。

貧学生で文無しだった忠悳、あるとき空腹に耐えられず、そば屋で茶碗を借りてそば湯を飲んだだけで店を出て狂人と思われたこともあった（『名流百話』）。

1868（明治元）年、維新の変乱で越後に帰郷。しかし、新政府軍が攻めて来、長岡・桑名の藩兵が戦う北越戦争となり、忠悳は潜伏する。

江戸の医学所の方は頭取の松本良順ら56名がいたが、良順は若干の生徒を連れ今戸に病院を開き、鳥羽伏見の負傷者を治療していた。しかし、情勢が逼迫すると東北へ脱走した。

1869（明治2）年、石黒は潜伏中に『贋薬鑑法』を著述。当時よくあった不良薬を見分ける薬物鑑定の書で出版を思い立った。上京して医学所を訪れると政府のものになっていた。

軍監医・大村益次郎の「医は西洋流で殊に軍病院は」という方針もあって、医学所に大病院を付属、医学専門の大学東校（のち東京帝国大学医学部）が創設されることになった。忠悳は文部省出仕、大学東校勤務となる。

1871（明治4）年、松本良順の勧めで文部省を辞し兵部省軍医出仕。妻を呼び寄せた。

1874（明治7）年、佐賀の乱。軍医長として横浜から軍艦で神戸、次いで久留米に行き陣中病院を開く。熊本鎮台から出征した会津人山川浩が銃創を受けたとき忠悳が治療した。

1877（明治10）年、西南戦争。大阪に臨時病院。

忠悳は西郷隆盛に何度か会っている。陸軍天覧演習が越中島で行われた時、軍医長としてその場にい、包帯所の位置について申し立てると「専門のことは一任するから、よきように」と。西郷は陸軍省の会議でも殆ど口を開かず、鷹揚、かつ冒し難い威厳と親しむべき温容があったと書き残している。西郷の挙兵について、忠悳は政府軍に従い大阪の臨時病院で傷病兵の処置をしていたが、何を思っただろう。

1880（明治13）年、陸軍軍医監、軍医本部次長として軍医制度の創設に尽力。

1884（明治17）年、東京大学御用掛。長男・忠篤生まれる（大正・昭和期の官僚、農政家）。

1891（明治24）年、一年間の予定で欧州差遣。

当時、ドイツには陸軍より乃木希典・野田豁通・福島安正、医家では北里柴三郎、森林太郎（鷗外）など二十数名が派遣されていた。

1894（明治27）年、日清戦争。大本営野戦衛生長官。天皇に随行して広島大本営に移る。翌年、下関で兇漢に狙撃された清国・李鴻章を診察。

1898（明治31）年、大倉商業学校設立に参加。創立者・大倉喜八郎は越後出身で同郷。

1901（明治34）年、星亨東京市会議長の時代、日比谷公園の設計に参加。

ちなみに、忠悳は長崎の医学所・養生所のオランダの陸軍軍医・ボードインの忠告で、上野公園ができた経緯を知っており、二人で上野公園を散策したこともある。

1902（明治35）年、貴族院議員。日本薬局方調査会会長。私立大橋図書館設立に参加。図書館創立者・大橋佐平も越後出身。博文館を起こし出版事業で大成、社会公益のために図書館を設立したのである。忠悳は大いに賛同、協力を惜しまなかった。

1904（明治37）年、日露戦争。国内赤十字救護班視察のため九州、四国、仙台を巡視。

1917（大正6）年、日本赤十字社社長。

1941（昭和16）年4月26日、死去。享年97。

2015年2月21日（土）

戊辰の戦後処理、塩竃神社宮司、遠藤允信（宮城県）

講座、龍澤潤「隅田川沿岸の産業史」の資料に、「1873（明治6）年隅田川東岸の旧仙台藩蔵屋敷敷地に、官営深川摂綿篤《セメント》製造所設置」というのがあった。東北の雄、仙台藩の蔵屋敷が戊辰戦争から5年たらずで、明治政府のセメント工場（のち浅野セメント）になったのだ。江戸から東京へ移り変わりが目に見えるよう。江戸の終焉、戦争が避けられないものとなったとき、派遣されていた蔵役人は江戸深川を引き揚げ、郷土のどこで戊辰戦争を戦っただろう。

ところで、仙台藩は東北の雄藩として奥羽越列藩同盟の主軸となったが、藩論は一定していたわけではなく、勤王論、佐幕論、その中間の割拠論などあり激しい抗争があった。勤皇派・遠藤允信《えんどうさねのぶ》は、佐幕順応説の宿老・但木土佐《ただきとさ》に対抗して敗れ閉門を命ぜられるが、情勢が変わると返り咲く。その経緯を見ると戊辰戦争前後の仙台藩が見える。おそらく諸藩でも似たような事態があったと思われる。

遠藤　允信

1836（天保7）年、仙台城下片平町、仙台藩家老遠藤大蔵の長男に生まれる。名は文七郎。

藩校・養賢堂で朱子学を学び、山鹿素行に私淑し皇室尊崇の水戸学に傾倒する。

1855（安政2）年、家督を継ぎ家老職。その容貌は面長で鼻高く目涼しく、身長5尺8寸余、言語明快、気品高く風格があった。政治家というより幕末志士型人物のようであった。

1862（文久2）年2月、藩主の命により上京。

各藩勤王の志士と交わり京都の情勢を探り、朝廷に勤王の意を披瀝すべきと藩に建言して容れられる。藩の使者として京都に赴き、関白・近衛忠熙に諸藩に攘夷実行をうながすことを誓った。尊攘派のなかでも「年少気鋭、思うて言わざるなく、言うて尽くさざるなく常に気炎を吐く」遠藤は、但木にとっては目の上のこぶであった。

1863（文久3）年4月、但木は策を講じ遠藤ら尊攘派一党を閉門に処し、遠藤は領地の栗原郡川口に蟄居、隠棲。

1868（慶応4）年正月、鳥羽伏見の戦いで幕府軍が薩長軍に敗れ、討幕派の主導権が確立された。上京していた但木土佐も国許の重臣藩士らがあまりに形勢を知らないことに気付いた。このとき、仙台藩が会津討伐を申し出たなどの諸説、風説あり。

戊辰戦争が勃発し仙台藩に会津藩討伐の勅命が下ると、藩主伊達慶邦は平和手段を以て朝廷と会津との間をつなごうとした。その間にも奥羽鎮撫総督の一行が京都を発したことが伝えられたが、青葉城内で議論は沸騰するも一兵も出されず何も決断されなかった。

蟄居中の遠藤は再三のお召しで登城「徳川氏の罪状を数え、会津の逆を鳴らし、朝廷に奏請、わが藩力を挙げ討伐すべし」と主張したが顧みられず再び閉門となった。

戦争が始まると次第に、奥羽の地に新政府軍の旗が翻るところが多くなった。それでもなお、主戦論を唱え最後まで戦うという藩士がいたが、敗戦が続くと次第に降伏に傾く者が多くなった。今や藩存亡のときである。遠藤が登城、降伏論を開陳してまもなく執政を命じられた。

1868（慶応4）年8月、新政府軍は会津若松城を囲む。まだ戦いさなかの9月8日、明治と改元される。

9月12日、仙台藩は降伏と藩議が決定、藩主は直書をもって臣下に諭旨。遠藤は降伏謝罪使をつとめ、政府軍に嘆願書を提出。そのため、仙台にいる旧幕臣、榎本武揚、土方歳三らは仙台を去ることになった。

遠藤、「卿らの行動は任侠に類す。然もその事は決して成るべからず。死する決心ある乎」。榎本、「もちろんだ」。

一方、藩内では帰順反対の運動もあり、星恂太郎[*1]の額兵隊が仙台藩のために気を吐いた。9月22日、会津藩降服。なお、榎本ら旧幕府軍は箱館五稜郭で翌年にかけて最後の抵抗を試みたが壊滅、戊辰戦争は終結した。


1869（明治2）年、遠藤は京都にあって薩長土肥の版籍奉還上表を聞き、それにならうべきと藩に建言。

この年、待詔院（明治初年の議政機関・集議院）下局に出仕。次いで政府の命により仙台藩大参事（版籍奉還後の地方官）に任命される。

1870（明治3）年、神祇少佑（神祇官[*2]）に出仕、従六位に叙せられる。神祇官廃止と共に式部寮（文官の人事一般を司る）7等出仕に転じた。

1871（明治4）年、権少教正に補せられ氷川神社宮司を兼ねる。のち都々古別神社、平野神社などの宮司を歴任、明治15年3月、辞める。

１８９１（明治24）年７月、国弊中社*3志波彦塩竈《しおがま》神社宮司に任ぜられる。

允信は塩竈神社宮司時代、『塩社史料』『塩社略史』編纂をはじめ多くの功績を残した。

１８９９（明治32）年４月20日、老いをもって退官したこの日、病で没す。享年64。

＊１　星恂太郎：五稜郭で戦う赤衣の額兵隊隊長。『けやきのブログⅡ』（２０１４年７月19日）を参照ください。
＊２　神祇官：祭政一致で神祇・祭祀・行政を司る。
＊３　国弊中社：明治維新後の官。神祇官が祭るものを官幣社、地方官が祭るものを国幣社とし、おのおの大・中・小に分け、いずれも国庫から奉幣、国家神道として性格を示しこれにともなって新たに府・県・郡・村社の制も定められた。１９４５（昭和20）年、国家神道廃止により府・県・郡・村社の制とともに廃止。

参考：『近世日本国民史・第75』徳富猪一郎　明治書院（１９４４）／『明治時代史事典』吉川弘文館（２０１２）／『仙台藩人物叢誌』宮城県庁（１９０８）

２０１５年2月28日（土）

立行司、八代目式守伊之助（岩手県）

古い郷土誌の人物欄、地域の成功者・著名人はむろん親孝行・努力忍耐の人、芸妓、横綱とさまざまな人物がいる。中には大金持ち、多額納税者もいて選び方に世相や地域感が滲み出ている。しかし、郷土の誇りにしても持ち上げすぎではと感じることもある。資料が限られそのままとるしかないが、略歴やエピソードは人物のいい手がかりだ。

今回は岩手県にしようと『和賀郡誌』を見、「八代目式守伊之助」を見つけた。横綱名は見かけるが行司は珍しい。相撲の歴史は古く奥が深い、そう簡単に相撲界は分からないだろうが、式守伊之助のゆくたてを見ると、江戸～明治の相撲界が覗けるかも。それにしても、ワールドワイドになった大相撲、今日の日本人横綱不在を誰が予想したでしょう。

守家開祖、式守五太夫

『相撲必勝独学書：四十八手図解』（『出羽之海谷右衛門述』（１９２３）より）

――相撲勝負の判定役の行司は、勝負を裁くのみならず、相撲に関する儀式典礼、事務上のことも行司の職責であった。

行司の家柄には由来があり、聖武朝の志賀清林が勅命によって行司をしたのが初めとされる。その後、途絶えたが木曾義仲の臣・吉田豊後守が継承、五位に任ぜられ追風の名を賜り代々行司の家職を建てて相撲の司となった。それが吉田家の祖で、吉田家は勧進相撲・神事相撲・武将の御前相撲に至るまで、一切の儀式並びに故実を定めた。この吉田家の門下に「木村」という家があった。

真田伊豆守の家臣・中立羽左衛門の三代目が「木村庄之助」を名乗り五代目が吉田家の門下となって行司役の免許状を受け、以来行司といえば「木村」となった。

式守家は、木村家三代目の弟子で「式守五太夫」が開祖である。五太夫は伊勢之海五太夫の弟子、もとは力士であったが、力士としては思わしくないので行司修業を志した。

修業を積み吉田家の直接の門人となり、式守の姓を得た。そして、吉田家の秘宝である獅子王の模品を贈られ、立行司として一家を起こしたのである。のち五太夫は伊之助と名を改め、それ以来、式守家は伊之助と称するようになった。

八代目・式守伊之助

1842（天保13）年、岩手県黒沢尻本町に生まれる。父・後藤儀助、母・りわ。幼名錦太夫。出生当時、たまたま江戸大角力の興業中で、年寄伊勢の海・五太夫が赤ん坊を錦太夫と命名した。

1847（弘化4）年、数えの6歳で五太夫に入門。この時、名を錦太夫から興太夫に改名。ところで、錦太夫も興太夫も相撲行司の名前である。後藤興太夫は生まれながらにして行司になる運命だったともいえる。

さて、行司をちょっと見ると、「よく見合ってまだまだ」とかのんきそうに見えるが、行司の修業ほど辛いものはないそう。現代ではどうか分からないが、春場所の時分、毎朝凍り付いている土俵の砂を裸足で踏んで、次から次へ何番となく取り組ませていると、指先が切れるように痛む。その辛さと言ったら……だから中年者にはこの辛抱がしきれず大抵中途でよしてしまう。行司の修業ばかりは子どもの時からミッチリ仕込まなければならない（『お相撲さん物語』）。

興太夫は辛い修業を経て、八代目・式守伊之助を襲名、名行司として讃えられた。

相撲司家より紫総《ふさ》獅子王の最高軍配を贈与されたのは、式守家歴代中、八代目伊之助一人といわれる。

1897（明治30）年12月18日、死去。享年56。諏訪公園内に記念碑。

息子の後藤錦太夫が父の後を継ぎ、行司名は式守錦太夫という。

行司の階級

黒糸格：軍扇の総《ふさ》は黒糸。前相撲、から三段目幕下に相当。

格足袋：軍扇の総は青と白のよりまぜ。十両力士に相当する格式。足袋着用。

本足袋：軍扇は紅白の総。力士の幕内に相当。

上草履格：軍扇の総は緋色。上草履を履き木刀を帯し土俵に登る力士の三役格。

紫総格：吉田家特許の立行司で最上級。力士でいえば横綱の位。紫総の行司は、木村家に一人、式守家に一人とされ、紫総の立行司でも、吉田家から真に免許を得ない者は、白糸を交えている。これで、八代目伊之助の紫総獅子王の軍配が最高と分かる。

行司はおおむね自分と同階級の力士の立ち合いにあたる。

青白の総《ふさ》の行司が出れば、どちらか一人は十両だと分かり、紅白総の行司がでれば幕内登場と知れる。お相撲の勝負ばかりに目が行くが、さすがに歴史がある角界、いろいろな楽しみ方がある。場所が始まったら行司さんの衣装・軍配にも注目してみたい。

土俵に上ったら、行司の軍配の引き方一つで、立ち合いが早くもなれば遅くもなるといわれなかなか難しい。両力士の気合いを見ることはもちろん、投げの打ち方から差し手の如何、足の運び方から土俵の多寡（力士が土俵際から離れているかそれとも近いか）を、精細に目を配らなければならず容易なことではない。

場合によっては差し違いとなって、力士と同じように黒星がつき昇進に差し支える。また、行司は相撲の故実にも通じ、相撲社会独特の字を書くことに堪能でなければならない。取組の組合せにあずかり、その表（わり守）をつくる。

行司は土俵場祭を司り、その他の式典を主宰する。またその他の介添え、力士と諸荷物の運輸、雑務を処理するなど、それ相当に仕事が多いからむしろ力士以上に修業を積まなければならない（『相撲の話』）。

ちなみに、岩手県気仙郡出身に盛岡侯お抱え力士、三代目秀の山雷五郎は第九代横綱となるが、錦太夫（式守伊之助）はまだ4歳、土俵で相見えることはなく、惜しい。

参考：『和賀郡誌』岩手県教育会和賀郡部会（1919）／『相撲の話』大の里万助　誠文堂文

庫（1932）／『お相撲さん物語』小泉葵南　泰山房（1918）

2015年3月7日（土）

霞と山桜、白河の関と勿来の関（福島県）

先日の「隅田川沿岸の産業史」が面白かったので、同じ龍澤潤先生の深川東京モダン館（東京江東区）「海辺橋の見た歴史」を聴きに門前仲町に行ってみた。地下鉄・門前仲町駅で降りたのは初めて、下町の深川が都心すぐそばを実感した。講義は仙台藩蔵屋敷のあった仙台堀川にかかる「海辺橋」を軸に、町の移り変わりについてだった。

深川といえば木場しか浮かばなかったが、深川三十三間堂などがあった寺町で、狩野派の絵師がいたり、滝沢馬琴誕生の地、芭蕉庵、清澄庭園など江戸の歴史が豊富だと知った。

芭蕉庵は松尾芭蕉の弟子、海辺橋付近に別荘も持っていた魚問屋・杉山杉風が、生簀《いけす》番小屋を手直しして提供したものという。ところが江戸は火事が多く芭蕉も大火に遭い同じ深川で三度も住居が変わった。ところで、芭蕉といえば俳諧紀行文「奥の細道」が思いおこされる。

——心もとなき日かず重なるままに、白川の関にかかりて、旅心定まりぬ

芭蕉と門人曽良が、古い歴史の名残をとどめる関跡にさしかかり、いよいよ東北だという気になった白河の関は奥羽三関の一つ。

奈良時代、蝦夷対策のため勿来《なこそ》・念珠《ねず》関とともに奥羽の三代関門として設置されたが、平安後期以降は有名無実となり歌枕として知られる。能因法師の関歌は有名。


都をば霞とともに立ちしかど　秋風ぞ吹く白河の関

白河関：下野国と陸奥国の境、東山道口にある。

勿来関（菊多関）：太平洋側。常陸国・陸奥国の境、東海道口にある。

念珠関（鼠ヶ関）：日本海側。北陸道口、越後国と出羽国の境。

このうち福島県の白河の関と勿来の関について、『東北歴史紀行』（高橋富雄　岩波ジュニア新書（1990））他を参考に見てみる。

白河の関

白河関跡は1500年の名残をとどめ、市街地より南方10㎞、白河神社関の森、福島県白河市旗宿《はたじゅく》にある。

――白河藩主・松平定信が関跡を推定し「古跡蹟」の碑をたてた。土塁・空壕《からほり》跡が残っており、発掘によって、柵列跡・住居跡も知られ、出土土器は、平安時代にさかのぼる国史跡。

白河楽翁・松平定信の白河藩は十万石、奥州南の関門として重きをなしていた。その後、1823（文政6）年阿部正権が入封したが棚倉に左遷転封となり城を出た。それから間もなく戊辰戦争が始まる。

勿来の関

山道の白河の関と成立が同じ5世紀前半ごろできたのが、海道の勿来の関（菊多の関）で関守はどちらも30人くらいいたらしい。こちらは源義家の歌と故事が有名。

吹く風を勿来の関とおもへども　道もせに散る山桜かな

ほかに琵琶歌に採り入れられたり、田山花袋の紀行文など文学的な作品は多い。しかし、この関は閉鎖され通行できなくなる。常陸国と陸奥国の間の非常連絡が久慈川をさかのぼる白河経由の規程に改まったからである。福島県いわき市勿来町、浜通り最南端の九面丘陵にあったという勿来の関跡、今はいかめしい関の面影は見られないという。

戊辰戦争激戦の地、白河口

戊辰戦争当時、城主阿部家が転封となった白河城は留守城で城主がいなかった。白河城は奥羽同盟の一拠点となり、もっとも激戦の地となったのである。

1868（慶応4）年4月江戸開城となったが奥羽では、西軍参謀・世良修蔵が白河城に留まっていた。これを仙台三春泉の兵が守っていたが、会津兵並びに仁義隊・藤代飛騨、渡邊綱之助以下130人が城を襲い、士民の家屋に放火した。

これに、薩摩・長州・大垣兵が対戦し多くの死傷者が出た。戊辰戦争はまず白河ではじまった。

――白河は西は勢至堂の険を経て若松に通じ、東は棚倉を過ぎて平に達し、北は須賀川、郡山、二本松、福島を経て仙台、米沢に通じ、南は宇都宮方面より進入する主要なる道路にして、奥羽南面の咽喉を扼する形勢を占め会津第一の関門なりであったから、白河は東軍にとっても西軍にとっても要衝の地であった。

そのうち東軍は白河城を失い、これを取りもどすため繰り返し各方面から襲撃するも、各隊との連絡が不十分で撃破され、目的を果たせなかった。

この白河口の戦いは、攻撃も防御も非常に激しく、4月から7月まで二本松落城の日まで3ヶ月にわたり戦い続けられた。この戦で戦死した人々の碑が近傍の市町村に建てられている。

〈余談〉
西軍参謀・世良修蔵は長州藩士。幼児より学問を好み安井息軒について学んだ。長州奇兵隊の書記から、高杉晋作らの挙兵にあたり同志とともに第二奇兵隊をつくりその軍監となった。西軍参謀として、会津藩赦免の嘆願をはねつける強硬な態度をとったため、仙台藩士によって暗殺された。明治期、従四位を贈られる。

参考：「仙台藩戦死碑」「福島藩戦死碑」「会津戊辰戦死十二士之墓」。西軍115名の墓には大

碑「捐躬報国」がある。（『明治戊辰七十年を記念して』福島県女子師範学校（1938））

2015年3月14日（土）

学費は台湾、学資は無尽で、弁護士二人（宮城県）

深川の仙台堀、仙台藩蔵屋敷を知り、その水運を活用した実業家がいたかもしれないと探してみた。『中央之旧仙台藩人譚』（古山省吾編　宮城県県揚会（１９１７））に深川に「成沢倉庫」創設の成沢武之という実業家が出ていた。

成沢武之は仙台藩士の次男、１８６４（元治元）年宮城県登米郡生まれ。国立七十七銀行に入ると、寝食を忘れて働き東京支店長に栄転。日露戦争が終わった翌年退職、実業界に入り地の利を得た深川に倉庫を創り、また成沢酒造場を起こすなど成功した。これだけだと「良かった」で終わりそう、他の人物を探してみた。

前出、『中央之旧仙台藩人譚』は実業家が多いが、軍人も目立つ。なかでも医師や弁護士は特に苦学力行の人が多そう。仙台藩士も明治と世が変わると貧しかった。それを自らの努力で乗りこえた弁護士二人、平堀健助と尾崎利中を抜き出してみた。

ちなみに『中央之旧仙台藩人譚』のページを繰ると編集者の序文が胸に迫る。今から約50年も前だけど、昔事、よそ事とは思えない。東日本大震災の被災地が緑の田園を見渡せるのはいつの日、被害地域の苦節が思い遣られる。以下、引用。

――白河以北一山百文の皮肉な嘲罵は素より今日のわれわれに加うる侮辱の語としては当たらない……東北の振興、郷土の開発はもちろんわれわれ東北人の使命である

――東北開発や郷土振興や、それ等は土地の善悪ではない、物資の有無でない、金力でない、唯人である。人を中心とした努力に外ならない。

――都会は成功の地でない、田舎こそ猛志勇闘の青年に執っての活舞台である。栄達は人爵ばかりではない、鍬と鋤との先によって人として立派に衣食される自然に近い生活でなければならぬ。勝利の生活は……豊熟せる田園を見渡した時ではないか。

平堀　健助

1876（明治9）年、宮城県登米郡上沼村で生まれる。

郷里の学校で学び、卒業後は家事を手伝うかたわら村につとめた。ある時、村の故老が、平堀を〝微賤なる一小吏〟とさげすんで無礼な陵辱を加えた。平堀は腹がたったが、

――蒼龍といえども井底にあればこそ魚族来たって其の前に戯れるのである。あに振るわ

ざるべけんや。他日必ず驕奴に報ゆる所がなければならぬと、わが身を叱咤し職を辞し徒手空拳、東京に出た。

1899（明治32）年、知人の推薦で台湾総督府につとめ、蕃地台湾に4年いた。その間、暮らしを切り詰めて学資を貯めつつ、日本大学の校外生[*1]となって勉強した。

1903（明治36）年10月、東京の明治大学に入学。しかし、貴重な学資を養父に消費され、一時休学するはめになった。それでも何とか復学し「菜根を噛みつつ」困難に耐えた。

1906（明治39）年7月、明治大学を優等で卒業した。卒業後、衆議院に就職、かたわら法学を研究し研鑽につとめた。戸水博士の手伝いをしたとの記述だが、戸水寛人ならば日露戦争の開戦を迫った七博士の一人である。

1912（大正元）年、晴れて弁護士試験に及第し弁護士事務所を開設。奮闘努力の甲斐あって、自分を侮辱した驕者を見返したのである。

1913（大正2）年5月、東京弁護士会常議員及び同会弁護士法改正法律案取調委員となる。

尾崎　利中

1869（明治2）年、仙台市米ヶ袋の旧仙台藩大番頭・尾崎興利ときみ子の間に生まれる。

子どもの頃、片平町小学校に通うかたわら、漢学を岡濯について学ぶ。

宮城中学校に入るも中退して宮城師範学校に入る。しかし、また中退、再び宮城中学校に入学、卒業する。

小・中学時代の尾崎少年は、暇さえあれば庭や畑の草むしり、屋根の修繕までして家事を手伝った。東京に出たかったが学費がなく上京できなかった。そんなある日、母親が掛けていた無尽[*2]の抽選に尾崎が行った。すると、なんと100円という大金が入札できた。母が無尽で得た100円を尾崎に与えてくれたので、東京の成立学舎[*3]で学ぶことができた。

卒業後、中央大学に入学する。

1891（明治24）年、卒業。

次に、留学を望んだが病を得てやむなく帰郷し、数年間、療養につとめ、母も生活が苦しいなか息子のために精一杯の看病をした。のち、尾崎は生活の余裕ができるとすぐ母を東京に呼びよせ孝行したのである。
1897（明治30）年、28歳で弁護士試験に合格。
高木益太郎[*4]の法律事務所に入り実地に研鑽を積んだ。
1899（明治32）年5月、独立して弁護士事務所を日本橋区鉄砲町に開設。
尾崎利中は克己の模範となるべき人と称され、弁護士としては殆ど民事専門であった。

＊1 校外生：大学通信教育。明治10年代後半、法律を中心とする私立専門学校がはじめた。講義録を発行し主に法律に関する専門教育の機会を提供した。
＊2 無尽：室町時代に始まり江戸期は盛んで明治以降も庶民金融として行われた。数人から数十人の仲間で講を作り一定額を出し合って入札、講中全員が落札すれば解散。
＊3 成立学舎：神田駿河台鈴木町の大学予備門受験科・英語変則を修むるを目的とした。
＊4 高木益太郎：衆議院議員弁護士・法律新聞社社長・尾西鉄道社長。歳費を公共と慈善に。浅草の貧民施薬に千円寄付するなどしている。

2015年3月21日（土）

花巻出身の明治女学生、佐藤輔子と山室機恵子（岩手県）

春3月は卒業シーズン。ずいぶん前に女子高を卒業した。女子高を選んだのは中学校が荒れていて男子が居ない方がいいと思ったから。高校生活、試験の一夜漬けは得意、あとは愉しく読書三昧。徹夜読書で授業中つい居眠り、コラコラと起こされた。担任は叱りながらも「赤毛のアン」シリーズが刊行されるたびくださった。

それにしても今どき女子高校生の制服どれも可愛く、十代は何を着ても似合う。花の命は短いから楽しんでと思う。

ところで、明治の昔は制服どころか女子の進学は容易ではなかった。資産があっても女に学問は要らない、妻が本を読むのを嫌がる、そんな風潮だった。そういう時代に東北から上京、女学校を卒業した佐藤輔子《さとうすけこ》と山室機恵子《やまむらきえこ》がいる。2人とも宮沢賢治と同じ花巻地方出身で賢治が生まれる前、明治女学校*1を卒業した。その2人の在学中とその後の人生はかなり対照的である。

1885（明治18）年、明治女学校創立。木村熊二・鐙子夫妻、巌本善治らが創立したキリスト教主義だがミッション経営でなく日本人の手になる女学校である。

創始者木村熊二は戊辰戦争時、彰義隊に加わり上野の山に立て籠もった。明治維新後、官軍の詮議が厳しく、変装して徳川慶喜が移住した静岡に赴き身をひそめた。のち、薩摩出身の森有礼に従ってアメリカに渡り医学や神学を学んだ。

1882（明治15）年、木村熊二、帰国。東京下谷の借家に住み、下谷教会婦人部の学校を始めた。これが明治女学校の前身、下谷教会には牧師・植村正久がいた。

佐藤輔子と島崎藤村

――お輔さんは花巻の生まれで、雪国の人らしくほんとうに色が白く、頬がさくら色して、ぱっちりとしたうるおいのある眼が当時の世間の好みとしてはやや大きすぎるくらい、その眼がひとしお印象を深くしました。背もすらりとして、心だてもその通り、富も理解もある家庭にのびのびとして育った人の素直なやさしい性格（『黙移』相馬黒光）。

その輔子に教師の島崎藤村が恋をし、生まれたのが小説『春』。

朝日新聞に1908（明治41）年春から連載された。物語は藤村22歳の夏から25歳の夏まで文学界同人らの青春群像を、同じ教師の北村透谷と藤村自身に焦点を当て日清戦争を間にした転換期に、自我に目覚めた青年たちが古い道徳に苦しみながらも、それぞれの欲求に生きようとする姿を、挫折を含めてあるがままにたどっている（『現代日本文学大事典』猪野謙二）。

佐藤輔子には故郷に許婚があり藤村の恋は実らず、輔子は卒業後結婚してまもなく悪阻で死んでしまう。二人のプラトニック・ラブの挫折は校内で知らぬものなく、熱の入らぬ藤村の授業に「ああもう先生は燃え殻なのだもの、仕方がない」と思ったという（『東京人』明治の女学校伝説・森まゆみ）。

若い教師と生徒、北村透谷と教え子の斉藤冬子との悲劇のロマンスも伝わる。

社会事業家、山室機恵子

1874（明治7）年12月5日、岩手県花巻川口町の佐藤庄五郎・安子の長女に生まれる。開放的な素封家の佐藤家は、花巻地方で女子が高等小学校に入るのは絶無であったが、親は機恵子の勉強好きにまかせ学校へ通わせたばかりか、漢学を須川他仙に学ばせた。

機恵子の父庄五郎は、養蚕製糸業のかたわら日曜日には漢学の先生を自宅に招いて、小学校の先生たちに講義を聞かせたり、夜学を開いて村の若者を教育するなどした。

1881（明治14）年、明治天皇の東北巡幸の折、庄五郎は蚕業奨励を以て若干金を下賜される。

1891（明治24）年、機恵子は上京、同じ川口町出身の国会議員（旧盛岡藩士）佐藤昌蔵の娘が在学していた明治女学校に入学。

在校中、一番町（富士見町）教会に出席、聖書の講義や説教を聞き、明治・大正期のキリスト教の代表的指導者・植村正久から受洗。

1893（明治26）年、明治女学校普通科を卒業、次いで高等文科に進む。

1895（明治28）年4月、高等文科卒業。

その後、下田歌子らの大日本婦人教育会が設立した女紅場《にょこうば》[*2]で教壇に立つかたわら『女学雑誌』の事務、日本基督教婦人矯風会書記をつとめた。

1899（明治32）年6月、救世軍初の日本人士官・山室軍平と結婚。軍司令官の夫に賛同して、救世軍[*3]に入隊。

救世軍が起こした廃娼運動で、機恵子は娼妓解放のための更生施設・東京婦人ホームを開設、その責任者となる。

1905（明治38）年、東北地方大飢饉による人買いの手から女子を守るため、救世軍が東北凶作地女子救護運動を起こす。機恵子は保護された女子の責任者として就職を世話した。

1916（大正5）年7月12日、救世軍人としての激務の中で、結核療養所設立を企図したが、その募金中に倒れた。山室民子ら6人の子をもうけた。

夫の山室軍平は妻機恵子をたたえ愛おしみ、小伝『山室機恵子』を著した。

＊1　明治女学校：教師に北村透谷、島崎藤村らがいて一時期、津田梅子も教えていた。生徒は山室機恵子、羽仁もと子、相馬黒光、野上弥生子らがよく知られる。ほかに『お百度詣』の作者・大塚奈緒子もお抱え車で聴講に通っていた。

＊2　女紅場：裁縫、機織、手芸、染色、英語も教えた。細民対象の初等教育機関として機能した。

＊3　救世軍：イギリスのウィリアム・ブース夫妻の貧民地区伝道に始まり、1878（明治11）年創設されたプロテスタントの一派。軍隊組織による庶民伝道と社会事業を目的とし欧米で発展。

参考：『日本キリスト教歴史大事典』教文館（1988）／『山室機恵子』山室軍平（1916）

２０１５年3月28日（土）

大熊町の幕末明治、中村藩領大野村・熊町村（福島県）

時々いただくコメントは励みになる。さらに取り上げた人物の子孫から「先祖のことが分かった」は嬉しい。コメントにきたコメントも、また嬉しい。

それにしても故郷を遠く離れても先祖を偲べると思うけれど、突然の災難で故郷を喪ったら先祖どころではないかも知れない。それでも故郷は心の支えの一つでしょう。

東日本大震災に加え原発事故、学校ごと会津若松に避難した大熊町の皆さん。どんな思いで故郷を思い返し、先祖伝来の事どもを、子らにどう伝えていくのでしょう。

3月は震災関連ニュースが多い。新聞・テレビで大熊の子たちの健気な笑顔を見ると、ほっとしたり、胸がいっぱいになったり。その大熊町の近い昔、幕末明治を見てみる。

ちなみに、大熊町は大野村と熊町村とが合併して大熊町となり、会津若松に移転した学校は、大野小学校・熊町小学校・大熊中学校の3校である。

大熊町は、震災当初の混乱期に多くの町民を受け入れてくれた会津地方、町民を支援してくれた処々方々に感謝の気持ち、復興に向けた思いを伝えるため、「おおちゃん興《お》き上がり小法師」を皆で作った。ユニークなマスコットには「震災から必ず立ち上がる」という気持ちが込められている。その「おおちゃん小法師」が持っているのは特産品、梨と熊川に遡上する鮭である。

ちなみに、大熊町は明治維新前、中村藩領であった。

〈中村藩〉

外様・関ヶ原の戦後、徳川氏に服属した大名
居城・福島県相馬市
領地・陸奥国宇多郡中村
石高・6万石
席次・帝鑑間詰（江戸城中における大名の詰所）
戊辰開戦時の藩主・相馬誠胤《ともたね》

中村藩は鳥羽伏見戦争の後、家老を上洛させて恭順の志を伝え、仙台藩へも使者を遣わし、朝廷への周旋のことを願い出ていた。

しかし、1868（慶応4）年、奥羽列藩同盟が結ばれ西軍（新政府軍）が目の前に攻めてきたら、同盟軍とともに防衛しなければならない。西軍の参謀・板垣退助は棚倉を落として平潟口の友軍と合流する作戦をたて、合戸村で同盟軍の会津・仙台・棚倉そして中村兵と激突した。同盟軍は多くの死傷者を出して敗退、中村藩兵は笹川（郡山市）へ敗走。

同盟軍の戦況はますます悪化、三春藩が同盟から離脱し、続いて二本松落城、平潟の西軍が中村に攻めてきた。浪江（中村藩領地）の前線に留まるのは中村藩兵だけになった。西軍はじわりじわりと北上、中村藩砲台が狙われ、不意打ちを食らって中村藩兵はさんざんな敗北で死者12名を出した。仙台兵も米沢兵も帰途についていて、中村藩兵だけが置き去りにされてしまった。中村藩は城を枕に討死するか、降伏するか、二者択一を迫られ、情勢を分析、降伏に踏み切った。

西軍総督は相馬中村へ入城、藩主父子は菩提寺の長松寺で謹慎を命ぜられ、中村藩兵は西軍の先導をつとめて仙台藩境へ出撃したのである。

中村藩兵は、はじめ奥羽同盟軍として88名もの戦死者を出したが、降伏して西軍についた8月に入って、さらに59名の戦死者を出した。自藩の犠牲を少なくするための降伏だったにもかかわらず59名の戦死者は多すぎる。また、戦死者が給人《きゅうにん》*1、用人、農兵、郷士*2が圧倒的に多かったことも悲劇である（青木更吉）。

〈大熊町〉

１８８０（明治13）年、熊村・狭山村――→熊村――→熊町村（明治22）
熊川村・夫澤村・小良浜村・小入野村→熊町村（同年）

〈熊町村〉

標葉《しねは》郡。

１８９３（明治26）年度現在。
戸数３８６戸、人口２６２０人（男１３３５／女１２８５）、村会議員12人、県会議員選挙資格者１７６人、衆議院議員選挙資格者18人、村内地租金高２５００円余、役場位置：大字熊、巡査駐在所：大字熊、尋常小学校２カ所：大字熊／大字夫澤、生徒人員２１６人（男１７９／女37）

阿部英信：１８４４（弘化元）年正月生まれ。旧中村藩士。維新後、村吏となり大字夫澤に勤務中、田地に水害ある事を憂い堤防を築いてその害を除き、能く人を憐れむ。人民その徳を称え石田長太郎氏を発起として夫澤の路傍に報徳碑を建設。

〈大野村〉

標葉郡。

1893（明治26）年度現在。

戸数259戸、人口1412人（男727／女685）、村会議員8人、県会議員選挙資格者113人、衆議院議員選挙資格者14人、村役場位置：大字野上、尋常小学校位置：野上、生徒人員145人（男108／女37）、巡査駐在所：大字野上字山神。

大野村は蚕糸農業に熱心勉励地にて盛大の状なり。

石田茂宗：1833（天保4）年4月生まれ。士族農・村長。

石田彦太郎：1847（弘化4）年2月生まれ。蚕業。大日本赤十字正社員。

＊1　給人：知行地を与えられた家臣。

＊2　郷士：城下に住む家中武士に対し、郷村在住武士の総称。土佐藩の一両具足は有名。

参考：『福島県町村沿革便覧』遊佐勝司編（1894）／『三百藩戊辰戦争事典　上巻』新人物往来社（2000）／『磐城七郡名家揃』広木孝三（1895）

2015年4月4日（土）

渦中に飛びこむ明治の壮士、氏家直国（宮城県）

アメリカ東インド艦隊司令長官ペリーが軍艦4隻を率い浦賀に来航した翌年1854（安政元）年3月、日米和親条約締結、下田・箱館2港が開港された。以来、欧米各国と条約が結ばれ、長く続いた鎖国日本がこじ開けられた。

その年、奥州仙台藩大番士・氏家《うじいえ》直幸に三男、直国《なおくに》が生まれた。

氏家直国は三兄弟の末弟ながら胆力があり腕力も強かった。9歳で早くも剣客・桜田敬介の門に入り、撃剣を学びなかなかの腕前に成長した。

当時の仙台藩のできごとをみると、藩校・養賢堂で洋式大砲鋳造・幕府より蝦夷地警備を命ぜられる・アメリカ船が石巻に入港・寒風沢造船所（塩釜市）で洋式軍艦・開成丸進水・幕府が「東蝦夷地の一部とクナシリ・エトロフを仙台藩の領地」としたなどがあげられる。こうした波乱の時代に生まれた男子の行く末は面白そう、見てみよう。

氏家　直国

1854（安政元）年9月、生まれる。母は小野氏。

1868（明治元）年、仙台藩を盟主とする奥羽越列藩同盟を結成し、新政府軍と戦うも降伏。仙台藩は62万石から28万石に減封された。

1869（明治2）年、15歳。藩兵が編成される。直国は砲術を修業。

1871（明治4）年、廃藩置県により仙台県設置（翌年、宮城県と改称される）。

仙台に東北鎮台（軍団、軍政機関）設置。ちなみに東京ほか6鎮台。

1874（明治7）年、父の直幸死去。直国は藩校に入って学ぶ。

以前から住居を志田郡古川の寒村に移し耕作していたが、交友が少なくやるかたなく過ごしていた。そこで、近隣の農夫を集め古今東西の歴史、政治の得失、人物の忠奸など語って気を紛らわせた。

1876（明治9）年、22歳。陸軍教導団[*1]生徒募集に応じ、上京。

1877（明治10）年、西南戦争起こる。大阪差遣となる。

熊本城は西郷軍に取り囲まれ、両軍相対して砲丸轟き、剣閃くの情況だった。直国は、戦争となるや九州に赴くも旅団に属していなかったので戦うことができなかった。

前線で戦いに加わりたい直国は、軍を脱走して山坂30里余りを一昼夜走りとおした。ところが、激戦地・人吉に到着したところで捕縛された。たまたま薩摩人の名を記したものを持っていたので、薩摩に通じているとの嫌疑で熊本の臨時裁判所で糾問されたのである。しかし、疑いは晴れ、直に放免された。

西南戦争には会津人など戊辰戦争で敗れた側が政府軍に入り戦った者が多く、戊辰の仇とばかりに攻め入り、強かった。

1883（明治16）年、任期満ちて軍を出るまでの間、近衛伍長・軍曹に任ぜられた。軍をやめた後、自由党急進派の指導者大井憲太郎と交わり自由民権論を唱えた。

1884（明治17）年10月、大井憲太郎の使いで秩父困民党*2の蜂起鎮撫を試みるが失敗。かえって蜂起の人々を激励したとも伝えられる。

同12月。朝鮮で甲申事変*3が起きると郷里に帰り義勇軍を組織、1500人を集めたが、事変がおさまり出番がなかった。

この事変後、大井憲太郎らが朝鮮での親日政権の樹立と日本国内の改革を企図したが、朝鮮渡航直前、大阪で逮捕された。国事犯大井・影山（福田英子）らは外患罪などで下獄、大阪事件である。

1885（明治18）年10月、直国は、大阪事件の資金調達のため落合寅市らと奈良県信貴山の千手院を襲うも果たさず、重禁錮2年罰金30円の判決を受けたが、明治憲法発布の大赦で放免された。裁判の法廷では、有司専制批判・責任内閣論や清国侵略論を展開した。徳島監獄出獄後は一時、力士・新世界泰平となる。

1890（明治23）年11月、国会開設後は日本正義会を結成するなど壮士として活動。

1891（明治24）年、保安条例*4を適用され皇居外3里の地に追放された。

1900（明治33）年、北清事変*5に際し中国に渡る。

1902（明治35）年7月7日、氏家直国、天津にて腸チフスで死去。享年49。

氏家直国没後の刊行『断食絶食実権譚』（河村北溟　大学館（1902））［氏家直国（新世界泰平）絶食にて東京仙台間を三昼夜にて往復］によると、直国は、食い溜めして昼夜兼行で休まず、間断なく歩き続けたという。さらに、

――直国は六尺豊かな大男で、新世界泰平と称したが、中途にして止してしまった。早くから相撲界に入っていたら、当時の常陸山のように成功したであろうに、惜しいかな政治

界に未練を残して、ツマラヌ死にようをしてしまった。さもなければ死んでも社会にヤンヤといわれたろうに、実に惜しきことをしてしまった。

＊1　教導団：明治初期の陸軍の下士官養成機関。
＊2　秩父困民党：秩父事件。埼玉県秩父地方の養蚕・製糸農民らが自由党員らと借金党・困民党を結成。借金の年賦返済、地方税の減免を要求、約1万人が蜂起。軍隊に鎮圧、処断された秩父騒動。
＊3　甲申事変：朝鮮ソウルで金玉均・朴永孝らが起こしたクーデター事件。
＊4　保安条例：反政府運動の取締りを目的として制定。秘密結社集会の禁止、治安妨害の恐れある者を皇居外3里の地に追放するとし、尾崎行雄ら570名に適用。
＊5　北清事変：中国義和団の反乱事件に対し、8カ国連合軍による鎮圧戦争。日本公使館書記生が殺害される。北京包囲戦に日本は連合軍最大の軍隊を派遣。会津人・柴五郎の活躍が知られる。（『明治の兄弟　柴太一郎・東海散士柴四朗・柴五郎』）

2015年4月11日（土）

札幌遠友夜学校　新渡戸稲造と有島武郎（北海道）

春4月は入学式の季節。でも、卒業生を心配する中学校の先生がいる。高校全入時代というが経済的に進学が困難な生徒がいるからだ。十代後半の一番良い時期に高校へ通えないなんて辛すぎる。公立高校が無理、私立に入学したくも授業料が高くて行かれない。優等でないと奨学金は得られないのだろうか。

今、貧富の格差が拡大しているといわれるが、こういう話を聞くとそれが本当のようで考えさせられる。そんな折しも、〝札幌遠友夜学校のビラ〟（『毎日新聞』2015年4月6日夕刊「牧太郎のコラム・大きな声では言えないが…」）を読み、今もあるといいのにと思った。

授業料無料、明治期に男女共学、昭和の戦時中に閉校するまで約5000人も学んだ夜学校があったという。生徒募集のビラに書かれた言葉が素晴らしい。

――世界で一つの学校。これ程どんな人でも、入れる学校はありません。働きながら勉強できます。幾ら年をとっていても差支へありません。男でも女でも構いません。いつでも入れます。月謝は要りません。学用品はあげます。先生は、諸君の友達です。

貧しさから教育を受けられない若者たちのために新渡戸稲造は、札幌市豊平橋付近に、札幌遠友夜学校を開設。

『有島武郎全集』第1巻。はじめは「遠友夜学校校歌」。

有島武郎は札幌農学校に進学、はじめ新渡戸稲造の家に寄寓。在学中、遠友夜学校で貧しい子女の教育に携わり、遠友夜学校の代表者としても活動、学内外に清新の気を吹き込んだ。

札幌遠友夜学校校歌

一

澤なすこの世の楽しみの　楽しき極みは何なるぞ
北斗を支ふる富を得て　黄金を数えん其時か
オー　否　否　否　楽しき極みはなほあらん。

二

剣はきためき弾はとび　かばねは山なし血は流る
戦のちまたのいさほしを　我身にあつめし其時か
オー　否　否　否　楽しき極みはなほあらん。
（三〜八　略）
九
衣もやがて破るべし　ゑひぬる程もつかの間よ
朽ちせでやまじ家倉も　唯我心かはらめや
アー　是れ　是れ　是れ　是れこそ楽しき極みなれ。
（「遠友夜学校のあゆみ」）

新渡戸　稲造（岩手県）

1862（文久2）年、盛岡藩（岩手県）勘定奉行の家に生まれる。

1877（明治10）年、札幌農学校（現北海道大学農学部）入学。在学中キリスト教に入信。卒業後、アメリカ・ドイツに留学。農業、経済を学んで帰国。

その後、台湾総督府技師・京大教授・一高校長・東大教授・東京女子大初代学長。国際連盟事務局次長・太平洋調査会問題調査会理事長などを歴任。

日本文化の伝統と世界的視野をあわせた明治自由人であり、国際人であった。

1891（明治24）年、教授として母校に戻る。

萬里子（メリー・P・エルキントン）夫人のアメリカの実家から届いた1000ドルの遺産を用いて夢である夜間学校を開設することに。「友あり遠方より来たる、また楽しからずや」から札幌遠友夜学校と名付ける。

1894（明治27）年、札幌遠友夜学校開設。北大生が先生となって教える。

1904（明治37）年、遠友夜学校第6回卒業記念写真を撮る。

1909（明治42）年、有島武郎、代表就任〜1914（大正3）年まで。

1916（大正5）年、北海道庁より私立学校認可。1929（昭和4）年、新校舎完成。

1933（昭和8）年、新渡戸稲造校長、カナダで開かれた太平洋会議に出席の帰途病没。

1934（昭和9）年、新渡戸萬里子（メリー）校長就任。1938（昭和13）年まで。

1943（昭和18）年6月、創立50周年記念式典挙行。

1944（昭和19）年3月、閉校。

「軍事教練をしない学校は必要ない」という時の政府の「教育の統一的推進」政策が、この学校を閉校に追い詰めたとの話もある。

有島　武郎（東京）

1878（明治11）年3月、東京小石川水道町で生まれる。学習院を経て1901（明治34）年札幌農学校卒業後、渡米してハーバード、フォード両大学に留学3年、ヨーロッパを回って帰国。

1908（明治41）年〜1914（大正3）年、札幌農科大学予科教授。その後、京都同志社大学講師。作家として文壇に名を博したのは37、8歳頃からで早くない。

——純情の紳士で、思想家としても非常に先覚的なところがあったが、夫人と死別後、婦人公論記者・波多野夫人、あき子と恋におち、1923（大正12）年、軽井沢の別荘で情死を遂げた。（『近世自殺者列伝』宮武外骨（1931））

有島は、母校の教職にある間、ホイットマン、ツルゲーネフ、トルストイなどに傾倒、社会主義に関心を持つ。

「白樺」創刊に加わり、リアリズムの作風により文壇的地位を確立した。

社会主義者たちと交流、労働者階級の発展にブルジョア出身の知識人は寄与しえないとし、父の創設した北海道狩太の有島農場を小作人に開放した。しかし、こうした真摯な努力にもかかわらず、自らの思想を積極的なものに転化できず、最後は情死する。

代表作は『カインの末裔』『或る女』『有島武郎全集14巻』（『現代日本文学大事典』明治書院（1966））。

2015年4月18日（土）

陸奥のいろいろ、大名・藩校・御用商人・産物

記事を書くのにすぐ思いつくこともあれば、辞典などで探すこともある。明治大正の人名事典は人物の宝庫で選び放題、誰にしようか迷うのも楽しい。今回、『東奥人名録：改元記念』から福島・宮城・岩手県人をと思ったが、青森交詢社発行の青森人名録だった。東奥＝青森と分からなかった。陸奥の東、ということは青森県から福島県まで全部陸奥！　広い。歴史地図を見ながら、なぜか「白河以北一山百文」という言葉が思い出された。

図表は角川・第二版『日本史辞典』（高柳光寿・竹内理三編（1981））付録を参考にした。

〈陸奥の近世大名〉

※藩名（郡名）石高は初めで、のち変遷あり。

七戸藩（北郡）——盛岡藩支封、南部英信6千石
斗南（北）——明治元年、松平容大会津より入封3万石

八戸（三戸）――盛岡藩支封、南部直房2万石
黒石（津軽）――弘前藩支封、津軽信英5千石
弘前（津軽）――別称・津軽藩、津軽為信4万5千石
一関（磐井）――仙台藩支封、伊達宗勝3万石
盛岡（岩手）――別称・南部藩、南部利直10万石のち20万石
岩沼（名取）――仙台藩支封、田村宗良3万石
仙台（宮城）――伊達政宗玉造郡岩出山に居城　58万5千石のち62万5千石
白河（白河）――丹羽長重　棚倉より入封10万石
棚倉（白川）――立花宗茂　筑後柳川より入封1万石
浅川（石川）――白河藩支封、本多忠以1万石
泉（菊多）――内藤忠興　上総佐貫より入封2万石
菊多（菊多）――土方雄重　加賀野々市より入封2万石
湯長谷（磐前）――磐城平藩内藤家支封、磐城平藩内藤頼長より分封1万石
磐城平（磐城）――岩城貞隆12万石
中村（宇多）――別称・相馬藩、相馬義胤6万石
三春（田村）――加藤明利2万石

守山（田村）——水戸藩支封、松平頼貞　常陸額田より入封2万石
会津（会津）——上杉景勝120万石、明治元年斗南3万石に移封
岩瀬（岩瀬）——本多正利　明石より入封1万石
二本松（安達）——松下重剛　下野烏山より入封5万石
下村（信夫）——田沼意明　遠江国内より入封1万石
福島（信夫）——本多忠国大和郡山より入封15万石
桑折（伊達）——松平忠尚　白河郡内より入封2万石
下手渡《しもてど》（伊達）——筑後柳川藩支封、立花種善　筑後三池より入封1万石
梁川（伊達）——名古屋藩支封、松平義昌3万石

一覧をざっと見ただけでも藩の大小、成り立ちなどさまざまである。本藩から遠い支藩もあれば関西・九州から入った藩主も少なくない。奥羽越列藩同盟がなし崩しになった遠因かも知れないと思う。

次は、陸奥の御用達商人一覧、「掛屋」は諸藩の公金出納を担当した商人。

〈諸藩蔵屋敷出入りの御用商人〉
※延享年間（1744〜1748年）

藩（領主）	蔵　元	掛　屋	蔵屋敷御用達
弘前（津軽）	山崎屋新四郎	山崎屋	山崎屋
盛岡（南部）	近江屋久兵衛		
磐城平（安藤）	鴻池屋伊助	鴻池八右衛門	升屋吉右衛門
棚倉（松平）	海辺屋甚左衛門	天王寺屋喜右衛門	河内吉右衛門
仙台（伊達）	升屋吉右衛門		

※その時々で中止されたものもある。

〈藩営専売業〉

弘前：漆・米
八戸：鉄・漆・塩
盛岡：紫根（紫草の根を干したもの染料薬用）・塩・三陸沿岸海産物・領内全産物・鉄
仙台：塩・米・漆・鉄・水産物・煙草・紅花・海産物など
中村：塩

会津：漆・米・塩・人参・藍

〈藩　校〉

作人館（明義堂）：盛岡藩
日新館：会津藩
敬学館：二本松藩　文武学校：二本松藩江戸邸
養賢堂：仙台藩　順道館：仙台藩江戸邸
養老館：守山藩
講堂（明徳堂）：三春藩
稽古館：弘前藩
学校：八戸藩
講学所：福島藩
致道館：湯長谷藩
敬学教授所：黒石藩
汲深館：泉藩
修道館：下手渡《しもてど》藩

2015年4月25日（土）

人物評の名手、鳥谷部春汀（陸奥国三戸郡・青森県）

——日本の本島を縦に両分する山脈あり。その頭は、陸奥にありて陸奥を東西にわかち、やや下りて羽前羽後（山形・秋田県）と陸中陸前（岩手・宮城県）とをわかち、その腹にいたりて、北陸道と東海道とをわかち、その尾は、山陰道と山陽道とをわかつ。

この長き山脈の頭部に、一大山湖あり。十和田湖と称す。凡そ三里四方、我が国の山湖にては、最も偉大なるもの也。この偉大なる山湖を夾んで、二文豪生まれたり。東なるを鳥谷部《とやべ》春汀《しゅんてい》となし、西なるを内藤湖南《ないとうこなん》となす。

春汀は五戸《ごのへ》の産にして湖南は毛馬内《けまない》の産也。五戸は、国は陸奥に属し、県は青森に属す。毛馬内は、国は陸中に属し、県は秋田に属す。されど、いづれも、もとの南部藩のうち也。南部氏は、甲斐源氏の一族なるが、甲斐の南部郷を領せしより、南部を氏とせり。源頼朝、奥羽を平定するに及び、南部氏は封ぜられて、陸奥全体と陸中の一半とを領せり。

奥羽は、古来、敗北の歴史のみを有する地也。古くは日本武尊に征服せられ、終に源頼朝にいたりて、全く征服しつくされたり。爾来、戦国の際にも伸ぶる能わず。下りて、維新の際にも、敗北の歴史をとどめたり。

然るに、近年にいたりては、政治方面には、原（敬）、後藤（新平）、斉藤（実）、平田（東助）の四大臣を出せり。文学の方面には、陸羯南、国分青崖、落合直文、内藤湖南、小杉天外、後藤宙外、土井晩翠を出せり。春汀も其一人也。（『行雲流水』〔鳥谷部春汀を弔ふ〕大町桂月）

※註：（　）は筆者。

長い引用は、けれんみのない文章、短かくても「陸奥の歴史から位置まで表現してすごい」と感心したからである。その一方で、「君死にたもう事なかれ」と詠う与謝野晶子を「非国民」と非難した大町桂月に、今ひとつ距離感がある。もっとも、東洋的男性の桂月にすれば、町のおばさんが何を言おうと歯牙にもかけないだろう。

鳥谷部　春汀

1865（慶応元）年3月3日、陸奥国三戸郡五戸村（青森県）、代々の南部藩士・木村忠治の家に生まれる。名は銑太郎。のち、鳥谷部家に入る。

1876（明治9）年、明治天皇奥羽巡幸のさい有栖川宮が五戸小学校に臨席。優等生の銑太郎は歴史の一節を講じた。卒業後、小学校助教となる。

1879(明治12)年、15歳で選抜され青森県専門学校農芸科に入る。

1882(明治15)年、上京して同藩の先輩、東太郎を頼る。

しかし、東は清国に行って留守、自分も清国行きを望むが叶わなかった。そのまま東京で慶應義塾生の野田正太郎らと同宿、辛酸をなめ苦学力行していたが脚気を患い、泣く泣く帰郷し療養。

1886(明治19)年、脚気が癒えると五戸小学校で3年間教鞭をとる。

1889(明治22)年、24歳で再び上京、早稲田専門学校(早稲田大学)に入る。

1891(明治24)年卒業。帰郷し、時々地方の政治運動に加わる。

夏、島田三郎[*1]が東北遊説で隣県の岩手に来県。島田に春汀を推薦する者があったが、その時は会いに行けなかった。

1892(明治25)年、上京。島田を訪ね横浜毎日新聞入社、編集に従事する。

当時、島田は選挙大干渉事件など政界騒然の折から東奔西走、社説を書く暇がなくて、春汀にその意、思うところを告げ、筆をとらせた。

1893(明治26)年、旧南部藩藩医・松尾玄晁の娘、こと子と結婚。

1894(明治27)年夏、横浜毎日新聞、退社。

1895（明治28）年、近衛篤麿[*2]の機関雑誌『精神』を任され、誌上初めて人物月旦（人物評）を試みた。『精神』はのち『明治評論』と改題される。

1897（明治30）年、博文館に招かれて雑誌『太陽』に人物評を執筆。調査の行き届いた材料を基本に、情理を兼ね備えた論法を平易に著した人物評は好評を博した。

――春汀の人物月旦は、必ずしも人物を主とせず、人物を捉えて、時勢を論ずる也。愛憎の念なく、観察周到にして、判断公平なり……その胸中、ただ治国平天下の念あるのみ也。しかも権勢の上に超脱し、毫も私情を加えず。（大町桂月）

1899（明治32）年11月、招かれて報知新聞主筆。

1902（明治35）年8月、再び博文館に入り、『太陽』を主宰する。

この間、青森県在京学生の寄宿寮・修養社を起こすのに力を尽くした。

1908（明治41）年夏、大町桂月らと十和田湖を訪れる。桂月に紀行文「十和田湖」あり。

11月、悪性の赤痢にかかる。

12月22日、死去。墓は東京本郷駒込の吉祥寺。

――十和田湖に同行して半年たたぬうちに、春汀早く世を去らむとは。思へば、春汀の尺八を聴きたるは、聴き納めにして、春汀の帰省したるは、故郷の見納めなりき。齢わずかに四十四、言論、政治界に重きを為し、前途有望なる身を以て、忽然として白玉楼中の人となれり。惜しいかな。

『通俗政治汎論』『明治人物評論』『春汀文集』ほか著書多数。

＊1　島田三郎：江戸生まれ、ジャーナリスト・政治家。昌平黌で漢学を修め沼津兵学校、大学南校、英語学校卒業後、『横浜毎日新聞』創刊。主筆として民権論を鼓吹し官界に転じるも、1881（明治14）年の政変で大隈重信らと下野、立憲改進党の結成に参画、自由民権運動を指導した。

＊2　近衛篤麿：明治時代の政治家、公爵、貴族院議員。オーストリア・ドイツに留学。藩閥勢力に批判的で、大津事件や選挙大干渉事件では第一次松方内閣を批判した。

参考：『東奥人名録・改元記念』安西銈次郎・成田彦一編　青森交詢社（1913）／『コンサイス日本人名辞典』三省堂

2015年5月2日（土）

宮沢賢治の母校、盛岡高等農林学校（岩手県）

以前、『校歌ローマンス』を参考にし、ページを繰っていたら盛岡高等農林学校（岩手大学農学部）があった。校名に覚えがあると思ったら、それもそのはず、宮沢賢治の母校である。その農学校の建物は「岩手大学農学部付属農業教育資料館」として、賢治在学中の資料などが展示されているという。校歌の歌詞を末尾に掲載。

いま春真っ盛り、あちこちで「観光にいらっしゃい、来てください」とパンフレットが配られている。賢治ゆかりの観光案内も目に入る。〈イーハトーブいわて物語〉〈今年も響くよ銀河の汽笛・桜の下、釜石線ＳＬ〉。ＪＲ釜石線の前身「岩手軽便鉄道」は宮沢賢治の「銀河鉄道の夜」のモデルとされている。

ところで、賢治が学び教師もした盛岡高等農林学校はどんな学校で、当時の岩手県や日本はどのような社会だったのか。

明治期

1902（明治35）年1月30日、日英同盟協約、ロンドンで調印。

3月、盛岡市上田の高燥閑静の地に盛岡高等農林学校創立。同時に広島高等師範学校・神戸高等商業学校・京都工芸高等学校も設立された。

1903（明治36）年、授業開始。校地90，850余坪。のちに岩手郡御明神村に経済農場と演習林、滝沢村に演習林を有し本邦農林学校中最古を誇る。諸藩の設備充実。農学、農芸化学、林学、獣医学科（いずれも修業年限3年）、別に農学実習科（同1年）。

1904（明治37）年、日露戦争始まる。

1906（明治39）年4月26日、第1回得業証書授与式（卒業式）挙行。

1908（明治41）年、開校5周年記念式に皇太子行啓。

大正期

1914（大正3）年、原敬、政友会総裁に就任。ドイツに宣戦布告、第一次世界大戦に参戦。

1915（大正4）年、宮沢賢治20歳。盛岡高等農林学校・農芸科に首席で入学。

1918（大正7）年、賢治卒業。

地質土壌肥料研究のため、同校の研究生となり、翌年には稗貫郡内各地の土性調査を委嘱され、母校の実験教師となったが8月辞任。専攻の技術を活用する実業につくことを望んだが果たさず、家業を継ぐ意思のないまま店番をして過ごした。

生家は大きな質屋で町の資産家であるが、宮沢賢治の一生は宗教・科学・文学・実践を通して、農民への奉仕に費やされたといわれる。

次の引用は、賢治が農林学校を去った1919（大正8）年「校歌ローマンス」（出口競「岩手富士にのぼる」）より。

——盛岡についた翌日、盛岡高等女学校長Y氏を訪ね、高農獣医科の生徒一人、中学生二人、女二人、牧師さんに私（出口競）と岩手富士と云われる北にそびえた岩手山（岩鷲山）に登りました。柳澤村の真っ暗な部屋に泊まり、暗い中を炬火で登って、七合目で盛岡らしい電灯の光をみつけました……

盛岡は、政友会総裁にして、内閣総理大臣たる原敬さんの郷里です。Y校長のうちで、稲の葉を伝ってくる風に面を吹かせていた私に「あれが原さん」と教えてくれました。

盛岡高農は今年まで16年の歳月を閲し、今の校長は佐藤義長氏です。盛岡高農の校歌は、同校校友会文芸部の作で、楠美さんが譜を作ってくれたのです。工業家（京都工芸高等学校）に云わせると工業立国だと云い、商業家（神戸高等商業学校）も商業立国だと、真面目腐ります。農業家、ここの生徒なども、校歌の第三で「栄行く国も内にして、基立たずば何かせん」で農業立国策をほのめかしています。

筆者（出口競）は、神戸商業・京都工芸・盛岡農林が同時設立なので、競争心を感じとったのだろう。

1923（大正12）年9月1日、関東大震災。

昭和期（戦前）

1928（昭和3）年10月、陸軍特別統監のため盛岡に行幸の天皇に、大本営内にて自然科学研究に関する陳列、校長以下研究教授が説明。

岩手県産高山植物腊葉標本・東北地方産竹新種腊葉標本・馬匹年齢鑑定用馬歯標本を献上。夕、大本営に於いて校長に陪食仰せつけられる。

1933（昭和8）年4月28日、文部省第一拓殖訓練所（修業年限1年）を御明神村・経

済農場内に設置。修了生を満蒙大陸農業移民の指導者として送る。

1934（昭和9）年、満州国帝政実施（皇帝溥儀）。

9月21日、宮沢賢治没。

1941（昭和16）年、盛岡高等農林学校。定員500余名、卒業生3426名に達す。

1944（昭和19）年、盛岡高等農林学校を盛岡農林専門学校に改称。

1945（昭和20）年8月14日、ポツダム宣言受諾。9月2日、降伏文書調印。

1949（昭和24）年、国立学校設置法により、盛岡農林専門学校・盛岡工業専門学・岩手師範学校・岩手青年師範学校を統合、農学部・工学部・学芸学部からなる総合大学として岩手大学設置。

参考：『盛岡市案内』盛岡市役所（1926）／『盛岡高等農林学校要覧』（1935）／『岩手の産業と名勝』岩手県書籍雑誌商組合（1941）／『校歌ローマンス・続』出口競　実業之日本社（1919）

2015年5月9日（土）

安積疏水、地方開拓に尽くした阿部茂兵衛（福島県郡山）

5月の連休前、JR上野駅の広場に福島県観光パンフレットが並んでいた。手にとると美しい風景に添えて花とりどり、特産品、美味しそうな名物が目にごちそう。地図もあり福島県に隣接する茨城・栃木・群馬・新潟・山形・宮城が載っているのを見たと、遠隔地だとその地域を真ん中にして周辺を見る発想がなかったのに気付いた。地図が読めない女でも、地図をよくよく見れば、発見があるかも知れない。

福島県エリアマップ・県中エリアにある郡山は、江戸時代まで人口5千人ほどの奥州街道の一宿場だった。ところが、明治時代に国の直轄事業として行われた安積疏水《あさかそすい》の開削、原野の開拓をきっかけに大発展を遂げる。

安積疏水は、猪苗代湖から会津若松に流れる反対側の東部の安積郡に引かれた用水路で、士族授産、開墾を目的に着手された。明治政府は士族授産の制度を設け、開墾地殖民事業により国力の充実を図ることにしたのである。

福島県令（知事）安場保和は、安積郡は原野が多く水利が乏しいのを見て調査させた。すると、開墾適地と報告があったので、典事（県役人）中條政恒《なかじょうまさつね》に担当を命じた。中條は、まず郡山・小原田・大槻3カ村の一部を開拓することにした。

1873（明治6）年、開拓希望者を募ったが、応募者の多くが無資産または無頼の徒ばかりで資格がなかった。そこで中條は、阿部茂兵衛が資産もあり気骨もあると知って、自ら出向いて茂兵衛を説いた。

阿部　茂兵衛

1827（文政10）年、安積郡郡山町の商家・小野屋に生まれる。名は貞行。小野屋は古くからの呉服商で、二本松藩から苗字帯刀を許された家柄。家訓は「商人は商売以外に手を出すな」であった。

1868（慶応4）年、戊辰戦争。郡山は兵火にかかり小野屋は家屋を焼かれ、資産を失って苦境に立たされる。その後、生糸を海外に輸出し大きな利益を上げて家運を盛りかえす。そして、順調に商売している折しも、資産と人望を見込まれ開拓に応じるよう頼まれた。

1873（明治6）年、典事中條政恒から話を聞いた快活果断の阿部茂兵衛、家訓に背いて応じ私益を忘れて尽くす。

率先して有志の間を奔走、商人24人の同志を得て開成社を組織し社長となる。開拓事務所「開成社」は荒野を開拓して桑園を作り、水田を開墾、数年後には集落を造成しこれを桑野村と名付けた。開墾地300余町歩、現在の開成山一帯である。

ちなみに、郡山市開成館は近代史を語る史料館として残され見学できる。

1876（明治9）年、明治天皇東北巡幸の先発として内務卿・大久保利通が福島県を訪れた。このとき、中條政恒は熱心に安積疏水の開削を訴えた。

1878（明治11）年、御用係・奈良原繁[*1]、内務省土木局のオランダ人技師ファン・ドールンが実地調査して疏水開削が決定した。

1879（明治12）年12月5日、起工。この工事は猪苗代湖の湖西にある戸ノ口に水門を設けて、水量を調節し湖東に新しい水門を設けて安積原野に湖水を流下させるというもの。工事は多くの隧道・樋・掘割による幹線約50㎞、3年の歳月と公費40万円を費やす。

1882（明治15）年8月、完成。旧藩士たちが全国から入植し、開墾に従事した。

10月1日、開成山大神宮で、政府から岩倉具視左大臣はじめ顕官50人、地元から阿部茂兵衛ら多数の関係者が出席して完成式が行われた。

茂兵衛の働きは開成山だけにとどまらず、安積野全域に広まり、さらに、安積疎水の完成に尽くした。また、神社の改築、諸役所・警察などの建設にさいして多額の寄付を行い公共事業に力を尽くした。そのほか福島県庁の誘致運動では身銭をきって活動した。

茂兵衛はこのように利害抜きに開拓に没入、家産を傾け小野屋のノレンを下ろすハメになった。そして、ノレンを下ろして間もなく死去する。

1885(明治18)年、病で死去。享年58。

茂兵衛の没後、その徳を偲び称え、男爵・奈良原繁、前安積郡長・田中章により碑を開成山に建てた。碑文は品川子爵。

安積疎水は農業用水として大きく役立つばかりでなく、郡山市民の飲料水、さらには工業の発展にも役立ったのである。安積疎水の豊富な水量を利用した発電所が次々とつくられ、郡山が工業都市として発展する動機になった。

明治・大正・昭和の各時代を通じて、郡山に広い分野の工場・事業所が進出。明治のはじめ5500人だった人口が約30万人にもふくれあがるなど発展、安積疎水は郡山発展の基盤となった。ちなみに安積疎水関連の施設など、近代化産業遺産群に指定されている。

＊1　奈良原繁：旧薩摩藩士。大日本鉄道会社初代総裁。宮中顧問官。沖縄県知事。

参考：『明治時代史大辞典』吉川弘文館（2011）／『福島県善行録』福島県教育会編（1912）

2015年5月16日（土）

生計の困難にして不安、さらにこれに劣らぬ苦痛は侮辱、鈴木文治（宮城県）

「今日労働者として最も苦痛に耐えざるは、その生計の困難にして且つ不安なること、更にこれに劣らぬ苦痛は、……労働者に対する一般社会の侮辱である。」と語るのは、大正期初頭、友愛会の創設にあたった鈴木文治《ぶんじ》である。

戦後70年にあたる今年、なんとなく戦前の空気が漂うという人が少なくない。そうなのかと不安にかられる。

そのせいか、父母に聞かされた空襲を逃れようと東京から千葉や埼玉に引っ越したこと。父が幼い私を背負って逃げられるよう常に腰に兵児帯を巻いていたことなど、戦中戦後の苦労話が思い浮かぶ。年表を見ればなんども戦争があり、最後は敗戦。でもその後、70年間の平和はすごい、立派なことだと思う。どうかこのまま戦争をしない時代が続いてほしい。

戦争となれば兵隊にとられるのは、いつだって青壮年の働き手であるが、戦前は、労働環境が劣悪だったようす。

明治維新後、社会の変動で農民が都市に大量に流れ込み、工場労働者が増え、その下層部分はスラムに定着。残業し妻の内職収入がなければ一家の生活は苦しかった。そして労働者を下層社会の成員とみなす社会的蔑視の風潮も少なくなかった。冒頭の一節はそれを表現している。それを表した鈴木文治は、どのような人物なのだろう。

鈴木文治著『労働運動二十年』の序文（吉野作造）で見てみよう。

ちなみに、吉野作造は宮城県出身の東大教授。民本主義を提唱、大正デモクラシーの理論的基礎を提供した。明治文化研究会を設立した人物として知る人も多いだろう。

鈴木　文治

鈴木文治君の素描（『労働運動二十年』序文・吉野作造）

――鈴木君を私（吉野作造）が知ったのは日清戦争後間もないころである。同君は隣郡の造り酒屋の息子だ。新設された中学校に入り、私の友達の小学校教師に預けられたので知り合いになった……今は体重30貫あるという。たしか中学1年の時は、色白の丸ぽちゃの人形のような美少年であった。

鈴木君の実家は、そのころから段々不如意になっていたらしいが、中学卒業のころまでは家運の傾けるを知らずに過ごしたようだ。両親は金に飽かして彼を育て、何一つ不自由のない甘やかされた生活で……金持ちの坊ちゃんにありがちの罪のないナンセンスを連発しては人を笑わせていた。

中学卒業の前後、実家は一家離散、鈴木君は高等学校へ入ったが、学資は一文もなくできれば両親兄弟の面倒までを見ねばならぬ窮状に陥った。これより彼の艱難時代が始まる。高等学校から大学を卒業するまでの前後7年、その間自分の学資を作るばかりでない、時には幾分両親の家政までを助けねばならなかったのだから……しかし、あれほどの貧窮に落ちても、遂に本当の貧乏の経験をする機会を掴み損なったのではなかったかと思う。その故は、彼が異常の窮境に陥ったと聞くや、友人の誰彼は直に彼を救うべく……

鈴木君に相当の財産ができたという噂があるとやら。労働運動の大将で金のできるはずのないことはいうまでもない。金など作れる柄ではない。昔あれだけ貧乏したのだから、もう少し倹約してもよかりそうと私共は思うが、金があると何か他愛のないものを買って喜んでいる。

そうでもないと後輩をたくさん集めて大盤振る舞いをやる。好意をよせる部下からは金持ちとみられ、素質を知らぬ他人から贅沢と疑われるゆえんである。右の如きは労働運動の先端に立つ闘士として、残念ながら重大なる欠点と観ねばならぬことは勿論だ。毀誉褒貶を尻目にかけて多難な労働運動を指導してきたが、時勢の進みは早い。

今後も従来の運動を継続するには、彼に新たな修養がいる……ここに自らを反省して転身の決心（総同盟会長辞退）を定めたのは時の宜しきを得たものと私は思う。（以下略）

1885（明治18）年9月4日、宮城県栗原郡金成村（栗原市）の酒造家の長男に生まれる。

?年、家が没落する中、古川中学・山口高校を経て東京帝国大学法科大学卒業。海老名弾正（キリスト教伝道者・教育者）の本郷協会に入り、吉野作造・阿部磯雄らの影響をうけて社会問題に関心を持った。『新人』の編集にあたる。

?年、印刷会社秀英社を経て、東京朝日新聞入社。浮浪人研究会を組織。

1911（明治44）年、朝日新聞退社後、統一基督教弘道会の社会事業部長に就任。

1912（明治45）年2月、労働者講話会を始める。

1912（大正1）年8月1日、友愛会結成。

浮浪人研究会や日本社会政策学会の協力を得て友愛会結成、会長。労働者の修養を説き穏健で共済的な団体として出発。

1916（大正5）年、労働組合の性格を強める。友愛会に婦人部を設置、『友愛婦人』を創刊。

1921（大正10）年、友愛会を日本労働総同盟に発展させた労働運動右派の中心。

1922（大正11）年、日本農民組合結成など農民運動に係わる。反共産主義の立場をとる。

――「まあ、俺に任せろ」と、20貫余の巨躯に太鼓腹を突き出して自信ある一言を放つとき、全国に群がる労働者は如何に心強く感ずることか！（―大正の侠客・鈴木文治氏―『苦学する者へ』治外山人　苦学同志会（1925））

1926（大正15）年、社会民衆党の創立にも参加し、普選第一回の総選挙で当選。1930（昭和5）年までつとめ、会長を退く。

1928（昭和3）年、大阪から衆議院議員当選。以後、2回当選。

1945（昭和20）年8月15日。敗戦。11月、日本社会党結成、顧問となる。

1946（昭和21）年3月12日、戦後初の総選挙に日本社会党から立候補、選挙運動中に仙台で倒れ、死去。62歳。

著書：『労働二十年』（1931）、『労働は神聖』『工場法釈義』『国際労働問題』『世界労働不安』『日本の労働問題』『民衆政治講座』など。

参考：『近代日本史の基礎知識』藤原彰ほか　有斐閣ブックス（1988）／『日本人名事典』三省堂（1993）

2015年5月23日（土）

東北三陸の地域総合開発を説いた熱誠の人、小田為綱（岩手県）

1839（天保10）年9月、陸奥国盛岡藩野田通宇部村24番（久慈市）で生まれる。父は代々の盛岡藩士・小田長十郎、母はるい子。幼名は仙弥。

1853（嘉永6）年、盛岡に出て武技を長嶺将盈、文学を板垣正純に学ぶ。

1859（安政6）年7月、江戸に出て芳野金陵（儒学者・昌平黌教授）に経史文章を学ぶ。

1861（文久元）年、「時務策十篇」を著し藩侯に上せ、勤皇の大義を明らかにした。

1862（文久2）年正月、藩侯の侍講、かたわら昌平黌で学ぶ。

1863（文久3）年3月、24歳。盛岡に帰る。

1868（明治元）年12月、藩主・南部利剛、全領没収のうえ謹慎引退。名跡は嫡子・彦太郎が継ぎ、白石に13万石を与えられた。小田はこれを嘆き同志と共に東京に出て、復帰を哀願する書を要路に呈し日夜奔走したが、忌避に触れて潜伏。

1869（明治2）年、南部利恭は復帰を許され、盛岡藩知事となる。

1870（明治3）年4月10日、31歳。藩校、作人館が再開される。

小田は藩学校舎長として迎えられ、原敬や佐藤昌介ら後進の指導にあたった。

6月、藩議員を兼任し版籍奉還を議決。7月、盛岡藩が廃され盛岡県となる。

8月、国史編纂に資するため南部候の旧記抜粋を命ぜられる。

1871（明治4）年10月、辞職。

1872（明治5）年、「三陸開拓上言書」北奥羽開拓の意見書を執筆して上京。

1873（明治6）年、左院議長・伊丹重賢の了解をとり陸羽開拓書7巻を左院に提出。

しかし、議官・丸岡莞爾、馬屋原彰などの違言（異なる意見）あり激論するも、けっきょく顧みられず帰国。子弟を薫陶することに。

1877（明治10）年、西南戦争。これに呼応して、真田太古《さなだたいこ》事件起こる。

真田太古は鹿角来満神社の神職で、西郷隆盛に呼応して反政府の旗挙げ、青森・秋田など東北地方における士族挙兵を計画。小田為綱はその檄文を草した廉《かど》で、他の参加者とともに未然に検挙されてしまった。

1878（明治11）年7月、弘前裁判所において禁錮354日に処せられ青森で下獄。

1879（明治12）年9月、帰郷。

1880（明治13）年7月～1881（明治14）年10月、元老院の「日本国憲法」草案を章ごとに書写し、これに評論を加えた「憲法草稿評林」をまとめる。

憲法草稿評林は、君主有責論にたって天皇の廃位・廃帝の民権論的な私擬憲法[*1]として注目される。

1887（明治20）年7月、48歳。東京に赴き三条実美に、陸羽北海（東北地方・陸奥と出羽、漠然と日本列島北方の海域をさす）の形勢をのべ、「東京にいる旧諸侯を旧地に帰さしめ地方開発に尽くすべき、また仙台に大学を設置し大いに東北六県の俊秀を養成する」と主張したが、何れも行われなかった。

1889（明治22）年、「陸羽開拓書」執筆

1890（明治23）年、家に帰り、農牧のかたわら筆硯を友として過ごす。

1894（明治27）年、「天語管窺」を著す。

1898（明治31）年3月、59歳。第5回総選挙（衆議院議員臨時選挙）に岩手県第二区か

ら出馬して当選、8月、再度の臨時総選挙（第6回）にも当選。進歩党に所属。6月、自由・進歩両党合同、憲政党結成（隈板内閣成立――初の政党内閣成立）。「上大臣諸公閣下下書」を執筆、東北三陸の地域総合開発を説いた。

1901（明治34）年4月5日、議員生活3年、任期中に病み東京で死去。62歳。

＊1　私擬憲法：明治憲法制定過程に政府内外から出された憲法私案の総称。民権派によるものが多く、交詢社の「私擬憲法案」、立志社の「日本憲法見込案」、植木枝盛の「東洋大日本国国憲按」、千葉卓三郎の「五日市憲法草案」などが知られる。

参考：『岩手県国会議員列伝』村上繁次郎　哲進堂（1889）／『興亜の礎石』大政翼賛会岩手県支部（1944）／『衆議院議員列伝』衆議院議員列伝発行所（1901）／『大南部野田領誌．正編』千鳥倶楽部（1924）

2015年5月30日（土）

時勢は妙なもの、ドイツ仕込み平田東助（山形県米沢）

――時勢というは妙なものだよ、一山百文と軽蔑された東北からも大臣を出すようになったじゃないか。伊藤内閣に原敬、今度の桂内閣に平田東助、これで二人出た。東北だから大臣を出すことができぬ、あるいは大臣となるべき人物がないという理由は立たぬ。維新以来、政権が薩長土肥の手に握られていたからだ。

原敬も平田東助も、東北人としては大したことはない。山高く水清くして東北に偉人傑士輩出す。この二人は第二流なるものの大臣となるは薩長輩に人物なきを示す。時は公平なる審判者であり、薩長閥族も東北人士の力を借りなければならぬ時至りたるものなり。東北人士の将来の多望なることを知ろう。（福島民友新聞）

ときどき国会議事堂そばの「衆議院憲政記念館」特別展を見に行く。維新の元勲や大臣の事蹟よりも、法令文書の原本や日記書簡などに加え事物の展示が、その時どきの世相を伝えて興味深い。ところで、あるとき憲政記念館ではなかなか東北人に出会えないのに気付いた。注意不足かもしれないが原敬と平田東助しか記憶にない。

その平田東助と名の付いた展示を見たのに内容をまったく覚えていない。それが、獨協大学天野貞祐記念館「独逸学協会の誕生～獨協学園の起原」展示をみて、東北出身二人目の大臣平田東助が気になった。東北出身なのに、長州藩出身の軍人・政治家の桂太郎とどういう縁かなと思ったのである。平田東助は桂内閣の農商相・内相をつとめている。夫人は品川彌二郎の養女（山縣有朋の養嗣子伊三郎の実妹）。

正直なところ筆者は長州にはあまり興味がなく今回の主人公、平田東助に肩入れしがたいが平田の事蹟、獨協学園についても大学名を知るくらいなので併せて見てみた。

平田　東助

1849（嘉永2）年3月3日、父は伊藤昇迪、米沢藩士で藩主の典医をしていた。次男に生まれ、平田家を継いだ。号を西崖・九皐山人。

1860（万延元）年、藩校・興譲館で学び江戸に出て、古賀謹堂（謹一郎）に入門。

1868（明治元）年、大学南校（東大）に入学、卒業。

1871（明治4）年、大学小舎長に任官。

特命全権大使・岩倉具視の欧米巡幸に随行してドイツに留学。西洋法制史・政治思想史など学ぶ。

1876（明治9）年、ドイツから帰国。

3月、ドイツ長期留学者の品川彌二郎・青木周蔵・桂太郎・平田東助ら北白川宮能久を会頭として独逸（ドイツ）学会を発足。

太政官に出仕。法制局参事官・枢密院書記官長・法制局長などを歴任、法政の整備にあたった。

1878（明治11）年8月、大蔵省権少書記官。

1881（明治14）年、ドイツ学協会設立。

品川彌二郎委員長・桂太郎・青木周蔵（第二代委員長）・加藤弘之・山脇玄・西周・平田東助（第三代）らが主導。蘭医や山縣有朋系の文武藩閥官僚（県知事・大小書記官層）が会員となる。

1883（明治16）年10月、ドイツ学協会学校東京府より認可。宮内省より補助金。

1886（明治19）年11月、文部省より多額の補助金。

1887（明治20）年、桂太郎第二代校長に就任。司法省より補助金。

1889（明治22）年2月、大日本帝国憲法発布。

1890（明治23）年、貴族院議員となり30余年在任。

幸倶楽部をひきいて清浦奎吾らとともに山縣有朋を扶《たす》けた。

1891（明治24）年、品川彌二郎・平田東助ら信用組合法案提出、議会解散により廃案。

1901（明治34）年6月、第一次桂内閣発足、農商務大臣に就任。この桂内閣は、政権が維新の元勲から藩閥官僚にと世代交代したことを示す。

明治も三十年代半ばになり次第に世の中が変化してきて、国のためだといってもあまりに強引なやり方ではやっていけなくなっていた。桂首相は巧みに「党派を操縦」、4年余り内閣を継続。党派の操縦、それが桂園時代の始まり政権たらい回しである。

山縣有朋の後継者で藩閥の桂太郎と、伊藤博文の次の政友会総裁西園寺公望が、大正2年まで政権を交互に担当した。政権維持のため表面妥協、裏面対立であった。桂は政権維持のため政友会を無視できず、また政友会も妥協により政権を獲得して党勢を拡大した。

原敬は政府援助を材料に桂と取引、次期政権を西園寺に譲ることを約束させ、組閣の手伝いをしたのである。この桂内閣で原に次いで東北から大臣になったのが平田東助である。

ちなみに第一次桂内閣が成立した同じ6月、政友会院内総務として力をふるっていた星亨が剣客伊庭想太郎に東京市役所で刺殺され、自由民権思想家として大きな足跡を残した中江兆民も病没する。

1908（明治41）年、第二次桂内閣発足、内務大臣就任。

この頃、巌谷小波・大町桂月らドイツ学園創立期の同窓生活躍。

1917（大正6）年、臨時外交調査会委員、臨時教育会議総裁。

1922（大正11）年、内大臣。死の直前までその職にあった。伯爵。

1925（大正14）年、死去。享年76。

参考：『研究年報　獨協学園史料センター第5・6号』（平田東助から桂太郎宛書簡―独逸同学会開催の件）／大学天野貞祐記念館「独逸学協会の誕生～獨協学園の起原」展示資料／『日本人名事典』三省堂（1993）

2015年6月6日（土）

『日本之禍機』エール大学教授・朝河貫一（福島県二本松）

明治から昭和にかけて外国で日本を対象に卓越した作品を発表し続けた歴史家、朝河貫一《あさかわかんいち》。ところが、その名を聞いたことがなかった。知識不足もあるだろうが、活躍の場が海外のため日本国内で紹介が少なかったせいもありそうだ。

インターネットが発達した現代、人を惹きつける事柄はあっという間に世界中に広まる。しかし、明治・大正期はそうはいかない。その時代にアメリカの大学で教鞭をとり、研究も評価された日本人がいたのは驚くばかり。どのような人物か見てみよう。

朝河　貫一

1873（明治6）年12月22日、福島県二本松町に生まれる。

父、朝河正澄は旧二本松藩士で文武両道。維新後、小学校の教員をつとめる。

『二本松藩士人名辞典』によると1877（明治10）年の旧藩士の金禄公債は600円か

ら下は65円まであり、正澄は２５５円であった。それまでの家録に替え公債が支給されたが公債利子では生活できず、多くの士族が没落。朝河家も例外ではなく経済的に恵まれなかったが、貫一は幼少時代から英才振りを発揮。

?年、福島県立尋常中学校（のち安積高校）入学。その秀才ぶりは、朝河天神とあだ名がついた。並外れた勉学振りで、英語辞書の一頁ずつを覚え込むと食べて、表紙だけは残ったという逸話もあるほどだ。

１８９５（明治28）年、東京専門学校（のち早稲田大学）文学科に入学。

苦学の末、首席で卒業するとアメリカ留学を志す。周囲の応援もあり、横井時雄[*1]の紹介で渡米、翌年、横井の友人タッカーが学長をしていたダートマス大学に入学。

１８９９（明治32）年6月、ダートマス大学を首席で卒業。

9月、エール大学大学院歴史学科に入学。ヨーロッパ中世史を専攻。

１９０２（明治35）年6月、学位を得る。

9月、ダートマス大学の講師として極東史を担当

１９０６（明治39）年2月~明治40年8月、一度目の帰朝。

エール大学および米国議会図書館の依頼で日本関係図書を収集。

1907（明治40）年9月、エール大学講師。11月、エール大学東アジアコレクション部長を兼任。ミリアム・キャメロン・ディングウォールと入籍。こののち歴史学助教授から正教授へと昇進する。

エール大学では36年間にわたり教鞭をとり、日本史とヨーロッパ中世制度史を講じた。

1909（明治42）年、唯一の日本文著書刊行『日本之禍機』（国会図書館デジタルコレクションで読める）。

1904（明治37）年、日露戦争。

朝河は日露戦争の原因について具体的に論じ、日本への理解を訴えて、『The Russo-Japanese Conflict』を出版、翌年に再版されたほど読まれた。ところが日露戦争後の日本が「危険な方向」に向かいつつあるのをみて、『日本之禍機』を日本で出版、世界的視野にたって、日本の外交政策と教育行政に苦言を呈した。

1917〜1919（大正6〜8）年、日本中世史研究のため二度目の帰朝。

東大史料編纂所に留学、入来院文書を採訪。これを研究翻訳し英米で刊行。

大正期、西欧のマナー manor（領主・貴族の領地）と日本の荘園、東西の封建制度を比較研究、世界史研究史上に新しい分野を確立。比較法制史学の金字塔といわれる。

1937（昭和12）年7月、エール大学正教授（歴史学）に昇進。アメリカ議会図書館内に日本書籍のコレクションを創設。

1940（昭和15）年、朝河の士族的ナショナリズムはキリスト教と結合し、天皇に対して日米戦回避の試みをしている。

1942（昭和17）年6月、定年を迎え名誉教授となる。

1945（昭和20）年、太平洋戦争の終戦。

天皇の戦争終結のアメリカ大統領あて親書の草稿を執筆するなど努力した。

晩年は、年来の比較法制に関する研究の集大成をなした。

1948（昭和23）年、アメリカ、バーモント州ウェストワーズボロで死去。墓はアメリカと二本松市に。

＊1　横井時雄：熊本藩士横井小楠の長男。明治・大正期のキリスト教指導者。

参考：『天保元年・慶応・戊辰・明治十年二本松藩士人名辞典』古今堂書店古典部編（193

4）／『明治時代史大辞典』吉川弘文館（2012）／『世界大百科事典』平凡社（1972）／『民間学事典』三省堂（1997）／『福島県民百科』福島民友新聞社（1980）

2015年6月13日（土）

高島炭鉱、世界遺産へ（長崎県）

２０１５年５月、「明治日本の産業革命遺産　製鉄・鉄鋼、造船、石炭産業」として軍艦島など一連の施設が世界遺産に推薦された。

釜石（岩手県）・韮山（静岡県）・鹿児島・三池（福岡県・熊本県）、佐賀、萩（山口県）、八幡（福岡県）、長崎と数ある中で高島炭鉱があった高島に行ってきた。

長崎港ターミナルから乗船して35分ほどで高島港着。バスで高島炭鉱・北渓井坑《ほっけいせいこう》跡に到着するとただ閑散としていた。掲示板もなく、なまぬるい風が吹くばかり。それらしい跡を見てから周辺を歩いていると、「後藤象二郎邸跡」の碑があった。案内板によればその先に、グラバー別邸跡がある。

すぐそばに海岸があり、見ると石炭を運び出したらしい所があり、賑わう様が想像できた。この感じは写真を見るだけでは分からない。来て良かった。写真もとった。

さあ帰ろうとバス停に戻ったがバスは当分来ない。仕方なく友人と汗をふきふき港まで40分歩き、疲れた。でも、行き会った高島の人の笑顔に一息付けた。そういえば、二泊三日の長崎でたくさんの笑顔に出会った。きっと、長崎の人はみんな親切。

高島炭鉱の経営はトーマス・ブレーク・グラバーから後藤象二郎の蓬萊社、さらに岩崎弥太郎の三菱へと移る。この間のいきさつに興味がありでかけたのだ。

高島行き汽船はガラガラで乗客は数えるほどだったが、傍らを行き交う軍艦島クルーズ船は満杯の観光客をのせて快走。軍艦島（端島）は大人気。

その夜、稲佐山夜景を見に観光タクシーに乗ると、運転手さんが「世界遺産人気でつぶれかけた船会社が立ち直ったばかりか、高速船もふやし儲けている」。

地味な（?）北渓井坑跡に、同行の友人は歴史に興味が無くつまらなそうだった。筆者は、港近くの石炭史料館、岩崎弥太郎の銅像など現地ならではが興味深かった。ところで興味がなくても見れば喜ぶ、万人向けの保存と展示、そんなのあるかな。

以前取り上げた大島高任、その彼が手がけた岩手県釜石市の橋野鉄鉱山・高炉跡も産業遺産だけど遺構はどのくらい保存されているのだろう。大人気の軍艦島も、保存や資金など難しい問題があるという。遺跡遺産の保存と展示、知恵と工夫がいりそう。

高島の近代

長崎市高島は、長崎港から南西に14・5㎞の海上にあり、壇ノ浦合戦に敗れた平家の落武者が、1185（文治元）年頃から住みついたという伝説の島。周辺に軍艦島と愛称される端島、中ノ島、飛島がある。

1695（元禄8）年、石炭が発見され高島を治めていた佐賀藩家老・深堀家により貴重な商品として生産・事業化され、瀬戸内の製塩業の燃料などに使用された。

幕末、オランダから海軍伝習所に派遣されたカッテンデーケ[*1]は高島炭鉱を見学、「伊王島・高島の石炭は良質だが、鉱法が未熟で効率が悪いため、粗悪と見られているが、将来的には有望な炭鉱である」と記録している。

その後、高島は佐賀藩主・鍋島家の領地となり、異国船の見張り、監視をする「遠見番所」を設置、長崎港警備の役をになった。

1869（明治2）年、佐賀藩はイギリス商人グラバーと共同で、日本で初めての蒸気機関をつかった洋式の竪坑を造り、海底炭田を掘る近代炭鉱が誕生した。

グラバーはイギリスから技師をまねき、機材をすべて輸入し洋式炭鉱の開坑を成功させた。この西洋式竪坑は北渓井坑と名付けられた。50m余り掘り下げた竪坑、蒸気機関をつかった採炭、排水設備、巻上げ機を坑内に設置し作業した。

採炭場所から積み出しの船が着く波止場までレールを敷き、石炭を運搬した。現地に行くと炭鉱と海の近さがよく分かる。

1870（明治3）年、グラバーが破産。グラバーは高島炭鉱の権利をオランダ商社のボードウィンに譲渡。

1873（明治6）年、炭鉱が官営化され、ボードウィンに40万ドルが支払われた。

1874（明治7）年、官営化からわずか一年足らずで後藤象二郎の蓬莱社に55万円で払い下げられた。しかし経営はうまくゆかず後藤象二郎は負債を積み重ねる。

1881（明治14）年、交渉の末、岩崎弥太郎が後藤の負債を肩代わり、高島炭鉱は三菱会社の経営となる。三菱は最新の設備を揃え出炭量を増加させ莫大な利益をあげ、さらに高島沖の岩礁端島（軍艦島）を手に入れ、炭鉱は三菱のドル箱となる。

高島住民の生活

高島には河川も貯水池もなくずっと水に苦労し、対岸から船で水を運び生活用水としていた。主婦は毎朝、家庭の飲料水を汲みに行くのが日課であった。

1886（明治19）年、海水から作った蒸留水を飲料水にするようになったが、家から離れた水くみ場に行くのは欠かせなかった。

明治期の郡区町村編成法により西彼杵郡高島村となる。炭鉱で栄えた時代は高島と上二子島、下二子島と3つの島の間をボタ[*2]でつなぎ、1935（昭和10）年陸続きにした。

敗戦後、高島村から高島町。昭和30年、端島と合併、人口密度日本一の街となった。

1957（昭和32）年、送水管敷設。水を家で飲んだり使用できるようになった。高島海底水道、端島海底水道。

1986（昭和61）年、高島炭鉱閉鎖。エネルギー源の変遷などの影響から島の基幹産業が閉鎖すると、そのまま人口減少に直結。長崎市と合併する直前の2005（平成17）年には日本で一番小さい町であった。

＊1　カッテンデーケ：『長崎海軍伝習所の日々（日本滞在記抄）』東洋文庫。
＊2　ボタ：石炭として使用できない捨て石。産業廃棄物。
参考：『高島と端島ふたつの島の物語』軍艦島・高島を活かした観光振興・地域活性化委員会

（２０１３）／『弥太郎の長崎日記』赤瀬浩　長崎文献社（２０１０）／「長崎の近代化遺産」
長崎市観光推進課

2015年6月20日（土）

農民作家、斎藤利雄（福島県飯野町）

けやきのブログも記事数350、毎回、誰にしようと考えるが、迷ったときは土地の出版物が一番。それで『福島県民百科』を見てみた。

――斎藤利雄・農民作家。飯野町に生まれる……小学校卒業と同時に好間炭鉱で働いたというのがあった。いくら昔でも、子どもなのに炭鉱で働かざるを得ない境遇とは、そこからどう抜け出したのか。手元の人名事典を見たが斎藤利雄は載っていない。地元で知られるのみで埋もれているようだ。福島県のＨＰ〝うつくしま電子辞典・人物編〟には写真と紹介が載っていて、参考にさせてもらった。

斎藤利雄の履歴を見ながら、困難な境遇にいながら社会一般の心配をするような人物、今では少なそう。自分も含め身の回りのことしか考えない。せめて、事蹟を見てみよう。

斎藤　利雄

1903（明治36）年、福島県福島市飯野町に生まれる。飯野町：福島県北部。伊達郡明治・大久保・青木の3村と合併（昭和30年）。町域は阿武隈山地に属し起伏に富む。養蚕、畜産の地。中心の飯野は川俣・二本松街道の宿駅。大久保とともに絹織物の産地で大正初期まで三・八の日に市が開かれ、羽二重を売買。飯野・大久保に小機業工場が多く、絹・人絹織物を生産。千貫森は行楽地。

1912（明治45）年、9歳。一家で岩城好間《よしま》に移住。小学校卒業とともに好間炭鉱*1で働き、労働者の苦しみを知る。近くに好間村水利組合の用水堀・好間川あり。採炭数：1935（昭和10年）264,566トン。鉱夫数：男954、女150（坑内474、坑外630）。

1918（大正7）年、15歳で上京。美術に魅せられ、東京の川端画学校*2・洋画科で学ぶ。苦学して美術を研究中、結核に冒され帰郷して療養。

1931（昭和6）年、再び上京。小説の挿絵を描いたことから、小説家を志す。福田新生の紹介で『文芸戦線』*3に参加、鶴田知也（『コシャマイン記』芥川賞）との共同作『町工場』を管野好馬のペンネームで連載するも、考え方の違いから脱退。

?年、『戦旗』*4に入会。「同志小林多喜二を想ふ」を発表したが、弾圧と病気の再発で帰郷。

?年、帰郷後、農作業と小さな商店を営みながら小説を書き、『日刊農業新聞』に「大隈川流館」を連載。その他、郷土史から取材した『二本松少年隊秘話』『会津士道訓』ほか、代表作『橋のある風景』『天明柏羽雀』などが知られる。

農民作家として、戦前・戦中・戦後の厳しい状況の中でもあたたかさと楽しさがある作品をつくり、読む人に感銘を与えた。

1948（昭和23）年から町会議員を2期8年間、明治村村会議員として村政発展に尽くした。また、町文化財保護委員・町史編纂委員をつとめ、地元に残した足跡は大きい。

1969（昭和44）年、死去。享年66。

のち、2002年に地区民が飯野町に顕彰碑を建立。

＊1　好間炭鉱：古河石炭鉱業・好間炭鉱。福島県石城郡好間村。

＊2　川端画学校：明治42年2月創立。小石川区富坂町19（市電春日町下車）。入学資格、日本画（高小卒業以上）・洋画（1年以上実技を修得せる者および中学3年以上の学力ある者）。修業年限、3年ないし5年。学資、1ヶ月4円。教員数9名、生徒数300名。

＊3　『文芸戦線』：プロレタリア文学雑誌、大正13〜昭和7年。関東大震災によって、反戦と平和と被抑圧解放のスローガンを掲げて注目された『種蒔く人』が廃刊されたあと創刊。プロレタリア文学運動の代表的発表機関誌として大きな役割を果たした。

＊4　『戦旗』：共産党弾圧（3・15事件）のあと誕生した全日本無産者芸術連盟の機関誌。ここに発表された小林多喜二『蟹工船』、徳川直『太陽のない町』は評判となった。演劇でも左翼劇場が結成され、地方にも影響を与えたが、このプロレタリア文化運動は、軍国主義の台頭と治安維持法のたびたびの発動により壊滅させられた。

参考：『福島県民百科』福島民友新聞社（1980）／『炭鉱案内』石炭鉱業連合会（1936）／『小学卒業立身案内』帝国教育会出版部（1934）／『民間学事典・事項編』三省堂（1997）

2015年6月27日（土）

仙台の都市公園、桜ヶ丘公園・榴ヶ岡公園（宮城県）

東京・谷中に実家の菩提寺がある。墓参の帰りはたいてい上野公園を通り抜け、広小路へ出て食事をする。父親が浅草生まれで浅草まで足をのばすこともあった。

昔の浅草六区は人・人・人で大賑わい、キョロキョロしながら親の手を握っていたのが懐かしい。ちなみに、浅草寺の境内に立ち並ぶ店は区割りで貸しだされていた。

1873（明治6）年1月、太政官布告で府県に公園の候補地を選ぶよう指示があり、東京は浅草公園・上野公園・芝公園・深川公園・飛鳥山公園の5カ所を選び、日本初の都市公園が設定された。

上野・浅草はもちろん芝公園も東京タワーでお馴染みである。飛鳥山公園には博物館が三つもあり、その一つが「渋沢栄一史料館」*1である。

深川公園は行ったことがないが、その近く「深川東京モダン館」に講座があると出かける。

先日は、モダン館・龍澤潤先生【東京初の公園　深川公園】を聴講、現代では当たり前の公園が近代になって成立したものと知った。

公園は誰でも入れる好ましい場所というだけでなく、歴史の痕跡が観察できる、時代の変遷をたどれるなど身近な史蹟なのだ――例えば、現存していなくても昔あった建物の煉瓦を拾い、刻印を確認するとか。

ちなみに、日本最古の公園は奥州白河藩主・松平定信が1801（享和元）年、寺領内に築造した「南湖公園」という。南湖は、白河城の南の湖の意で、李白の詩「南湖秋水夜無烟」にちなんだとも。武士も町人も利用できる茶室「共楽亭」は、南湖県立自然公園となった今も利用されているのだろう。

福島県の南湖は人の手が加わり立派な公園となったが、隣県の天然の名勝松島は1952（昭和27）年、宮城県立自然公園に指定された。

公園の成り立ちは、自然天然のまま、人が築いたりといろいろだが、維持管理に多大な費用・労力が欠かせないのは同じだろう。

太政官布告による宮城県の公園は、仙台市内「桜ヶ丘公園」で「西公園」とも呼ばれ親しまれているが、併せて「東公園」という「榴ヶ岡公園」（躑躅ヶ岡・榴岡）の昔も見てみよう。

公園内に神社やお堂があるのは今も昔も変わらない気がするが、兵営や陸軍将校の親睦および研究機関である偕行社が近くにあったのは、〝強兵のふるさと〟仙台だからか。

仙台と公園

——藩政時代には無論、公園と称するものはない。釈迦堂が春の花に無二の遊覧地とされてあったのみである。1873（明治6）年1月15日太政官布告を以て、名勝旧蹟に四民遊覧の園地を拓かしめられた時、宮城県権令・宮城時亮は旧藩門閥、伊達安房・古内左近之助・大内縫殿の3邸地、5447坪を収め、明治8年6月初めて公園を設け桜ヶ丘公園と称したのが始めである。

伊勢堂山神明社を勧請して櫻岡大神宮と改称し、また梅園を拓き、藩祖公征韓役みやげ（伊達政宗・文禄の役）若松・八房の梅を移植し、傍らに林子平の碑を立てた。園内に割烹店も開かれ、明治9年仙台博覧場を開き……遊人好適の遊び場所となった。

1892（明治25）年、偕行社が建てられ、翌年には立町小学校が落成。

1900（明治33）年、今上陛下未だ東宮殿下に在します時の御結婚大典に当たり、躑躅岡7203坪を画して県公園を拓いた……

1903（明治36）年から39年にかけて桜ヶ丘公園を5173坪を拡張した。39年当時の市長・早川智寛の主唱にかかる青葉城頭天主台付近から……天然的大遊歩地を開創する議は未だ実現されない。東北一の都会にある公園としては桜ヶ丘公園は不完全極まるものである。（『仙台繁昌記』富田広重　トの字屋（1916））

桜ヶ丘公園

広瀬川を隔て、川内諸兵営に臨み、近く青葉の翠巒《すいらん》に対し西北遙かに群山を望む、園内梅桜を植栽し、四時の風趣掬すべし、園の中央に櫻岡大神宮あり、関東には立町小学校あり、また北に隣りて仙台偕行社なり。

躑躅ヶ岡公園

仙台市の東端に在る高陵にして、往昔躑躅樹多く、つつじ摺を産したりといふ、昔、国分鞭楯の古塁にして、1695（元禄8）年伊達綱村、釈迦堂建設に当たり、この地を相し垂糸桜数百株を植え、騎射場を設け、併せて子女遊覧の地となしたるものにして、花時遊客雑踏す、岡西に天神社あり、維新後、岡東に兵営を建設す。歩兵第四連隊これなり。

（『東宮行啓記念宮城県写真帖』宮城県（１９０８））

榴ヶ岡（桜）

名勝（１９２４（大正13）年12月9日内務省告示第７７７号指定）

所在地：宮城県仙台市榴ヶ岡

所有者：国有

管理者：陸軍省・宮城県

（『指定史蹟名勝天然記念物国宝・第11輯』宮城県史蹟天然記念物調査会（１９３７））

＊１　渋沢栄一史料館：『明治の一郎・山東直砥』を執筆中、渋沢と山東の交流を知りたく訪ねたことがある。その節は館内は静かだったが２０２１年は、新紙幣の肖像、大河ドラマの主人公として渋沢栄一は大人気、はやくコロナが去って安心して見学できるといい。

2015年7月4日（土）

南部椀、浄法寺村天台寺（岩手県）

南部鉄瓶、家にあるがガスレンジがなくて使っていない。パンやケーキ、グラタンや肉料理など電気オーブンはガスオーブンに敗ける。鉄瓶で沸かしたお湯はおいしいのに直火がないから仕方がない。寄る年波で火の用心、オール電化にしたが、ガスオーブンが恋しい。でもまあ、電気オーブンもバターロールを焼けば家中よい匂い。

焼き上がりを待つ間、古い時代の工芸書『工芸志料』を手にとると、「南部椀」というのがあった。名産品だろうが聞いたことない。記録に残る名産品でも使う人がなければ遺らない。そう感じただけで調べようとは思わなかったが、塗り・漆器でなく「椀」にひっかかり、「南部椀・南部塗」の項を読むと、

——高倉天皇の御宇、陸奥の南部の工人漆器を製す。これを南部椀という……（南部塗）赤塗のもの多し……六、七百年前に造る所の南部塗の漆器今なお存す。或いはいう、高倉天皇御宇　陸奥守藤原秀衡、工人に命じて創めて製しむる所のものなり、故に此の器を称

して秀衡椀という。

――南部椀と称するものは、内は朱色にして外は黒色なり。また黒漆の上に朱漆を以て鶴、花卉を画き、金箔を付着し、その朱色煒燁《いよう》（かがやく）なり……また江差郡の禅宗一派の総本山の正法寺椀というあり。

南部椀は陸奥の浄法寺村より出づ、同郡畑村にて椀を作り、田山村にて漆を塗る……この地みな南部氏の管たりしをもって南部椀と称せり。（『工芸志料』）

南部椀の産地、浄法寺村（二戸郡浄法寺町）にある都から遠くはなれた陸奥の天台寺は、聖武天皇（701（大宝1）～756（天平勝宝8））の勅願所であり、観音堂には奈良時代の僧・行基（668（天智7）～749（天平勝宝1））の手になる聖観世音の立像が安置されている。

1941（昭和16）年『岩手県産業と名勝』（岩手県書籍雑誌商組合）によると、上に浄法寺村。下に「高田松原」があり、奇蹟の一本松が思い起こされる。が、枯れた。東日本大震災による甚大な被害、少しでも早い復興を願っている。

天台寺は1200年以上昔に開山され、創立間もなく天台寺坊中で食器・食膳を製造するものがあり、登山者に珍重され、祭礼ごとに参拝者が購入し世間に「御山食器」として知られるようになった。高倉天皇の1169年（嘉応年間）、奥州塗として京に伝わり、のちに南部塗、模様を南部模様と呼んだ。

時代が下がると村に製造業を移し、次第に販路が拡張された。天台寺の例祭のときは、境内の一画を御山御器販売の露天専用とし、漆器商店が立ち並んだ。明治維新前後に至るまで、東海岸地方からも参拝者があり購入しない者はなかった。

当時、浄法寺村に漆器製造家は数十戸あり、商人は天台寺の祭日のみならず、三戸郡櫛引八幡の祭日などに売店を出し、盛岡、仙台、東海岸、北海道にも販売した。

しかし、維新後は会津、秋田産に圧倒されて販路を縮小せざるを得なくなり製造者もいなくなった。

ところで、立派に創建された古刹も幾星霜を経れば廃れ傷む。南北朝の頃、南部守行が天台寺を再建。以来、代々の南部藩主が天台寺の修繕につとめ、寺領30石を与えられていたが、明治維新の改革で制度が一変、大災難に見舞われた。

1870（明治3）年12月、社寺調査が布告される。当時、二戸郡は江刺県（青森県）の管轄であった。

1871（明治4）年、江刺県の役人と神主がきて、1町内外を境内として残りの3万数千坪を没収し官林に編入。月山の1社のみ村社に改め他の神社仏堂、観世音堂をはじめ並列する薬師堂以下40余の堂宇ことごとくを壊した。

安置していた神体仏像は外に出し焼却。仁王力士像は焼けなかったので斧で破壊というすさまじい乱暴狼藉であった。

当時の住職泰秀は僧たちと相談して夜陰、山中に潜み、隙を窺って聖観世音、十一面観音や毘沙門天などを持ち出して隠した。せめてもの不幸中の幸いであった。

1902（明治35）年、天台寺は以前の境内地を還してもらえたが、破壊された堂宇や焼却された神体仏像の影すらなく、参拝者も減っていた。しかし、日清・日露の戦争時から再びお参りにくる者が多くなった。（『桂清水観音記』）

参考：『増訂・工芸志料』黒川真賴（校注）前田泰次　東洋文庫（1974）／『桂清水観音記』天台寺保存会（1915）

2015年7月11日（土）

明治維新、城の運命

城郭などは要りて、要らぬものなり。
良き大将の良き人持ちたるは、城郭必ずあるものなり。
悪しき大将の人持たぬは、城郭如何に堅固なりとも無益なり。

〝城郭は要りて要らぬもの〟敵を防ぐの要は人心に在りて城郭に在らずと言ったのは、安土桃山・江戸前期の大名で初代佐賀藩主・鍋島直茂。文禄・慶長の役に加藤清正と組んで朝鮮に出陣、帰国後、徳川家康に誼《よしみ》を通じた。

城は、この鍋島直茂が活躍した桃山時代に発達した。それまでの城は、文字通り「土」と「成」、土から成る土塁であった。それが本丸・二の丸・三の丸と三重の構え、濠を廻《めぐ》らし水を湛え、濠の後側に石垣を積み、その要所要所に櫓、中心には天守を築くようになった。

信長の安土城。秀吉の大坂城および伏見城。家康から家光の代に完成した江戸城は今なお、その片鱗、断片を遺している。もっともよく保存されたものに秀吉創建の姫路城、天守の有名なのが名古屋城である。

その名古屋城の天守、修復をコンクリートと木材のどちらでするか名古屋市が悩んでいるという。昔ながらの工法、木材がいいと思うが、それには莫大な費用がかかる。時間と金をかけて文化を伝えるのか、観光優先で修理を急ぐか、悩むのも無理はない。

それにしても江戸の昔、全国に大名がいてそれぞれ城があったのに残る城は少ない。ほとんどが城址、城跡である。振り仰ぎ、絵になる白壁と天守の多くがどうして消えた。

明治維新の激変で、旧幕時代のものといえば何に限らず無用の長物視された。城も「順従唯一の王臣に、城郭の必要なし、真っ先にこれを廃毀《はいき》せし者ほど、恭順者文明人と見らる」と、諸国の城郭なども城地を平らげ、桑茶を植えたりして城が毀《こわ》された。

1868（慶応4／明治元年（9月8日、明治と改元））年、戊辰戦争さ中の9月15日、但馬国出石の藩主・千石利久が城郭を毀した。

1870（明治3）年9月、近江の古城でよく知られた江州膳所の城も、本多藩知事が無用の長物として城楼櫓を毀撤《きてつ》、取り壊し撤廃した。

12月、名古屋城天守の金の鯱鉾《しゃちほこ》、これを名古屋藩知事・徳川慶勝が無用の長物として新政府に献じ、かつ、楼櫓と城内の部屋をこわして修繕の費用を省き、藩庁経費の足しにした。その節、東京に送られた金の鯱鉾は博覧会の呼び物となり、その縁で楼櫓とともに残った。

1871(明治4)年1月8日、仙台の白石城。毀して資材を片倉邦憲*1に与え、北海道開墾の費用に充てたのは、「意義ある毀撤」(石井研堂)であった。

2月、伊勢国田丸野の城。営繕費がかかるので、太政官に願い出て取り壊した。

1873(明治6)年の〈布告類編〉:「旧城郭　陸軍省所轄の外大蔵省へ属す」・「旧藩城郭内士族邸地の税を収む」。

廃城となれば城内に居住する元家臣、士族も出て行かなければならない。住めても税を納めなければならない。

小田原城が廃城となったとき、一時、足柄県の県庁が置かれ、のち御用邸となるが関東大震災後、廃邸となった。その後、学校・公園の用地となる。

全国の城はこのような運命にあい取り崩されたが、熊本城は、細川熊本県知事が城郭の撤廃を上奏すると、「名将の築きし城池なれば願わくばこのままにして、考古の一班に供したし」という人があり残った。

築城技術で有名な加藤清正が築いた熊本城、西南戦争でも知られる。

彦根城もまた毀される運命にあったが行幸の折、「惜しいから残せ」と仰せられ今に残る。

陸軍省は1889（明治22）年頃まで各所の城を管理していたが、この間だいぶ荒れてしまった。わずかな歳月の間に石垣は崩れ、濠には塵土が多く埋まり、廃墟にしておくよりほか致し方ない城も多かった。

それもあってか、縁故ある者に払い下げることになり、幾多の歴史を有する静岡・小田原・津・福井の各城、奥羽では白河・若松・山形・秋田、西では岡山などをふくむ43城が民有になった。旧藩主で資力ある者はこれを自分の持地にしたが、他の多くの城は公共団体が引き受けた。

旧城址はたいてい公園となり、地方の歴史を一木一草に至るまでが城下町の記念物として人を惹きつけている。今なお、お城自慢できる地域は、長く自慢するためにも大事に守っていくだろう。

その一方、荒れた城址といえども詩人と音楽家がたたずめば、情感豊かによみがえる。土井晩翠と滝廉太郎の「♪荒城の月」が胸に迫る。城址もれっきとした歴史の遺物、どの城も大事にされ後世に残るよう願う。

天上影は替らねど　栄枯は移る世の姿
写さんとてか今もなお　嗚呼荒城のよわの月

＊1　片倉邦憲：伊達家重臣で白石片倉家12代当主。

参考：『武人百話：精神修養』金子空軒・北村台水編　帝国軍事協会出版部（1912）／『日本建築の実相』伊東忠太　新太陽社（1944）／『明治事物起原』石井研堂　日本評論社（1971）／『明治大正史・世相編』柳田国男　平凡社（1967）

2015年7月18日（土）

横綱の始め、谷風梶之助（宮城県）

「わしが国さで見せたいものは」と、仙台の郷党が自慢する古今の名力士・谷風梶之助《たにかぜかじのすけ》は宮城郡霞目村の出身。

日本特有のスポーツ相撲（角力）は古く『日本書紀』にもあり、平安時代は年中行事として毎年7月相撲節が行われていた。江戸時代になると大名の間に力士を抱えることが流行、1764〜1780年（明和〜安永）頃には江戸の勧進相撲が制度化し、江戸相撲が全国的中心となっていた。秀の山こと谷風はこうした時期に活躍したのである。

1750（寛延3）年8月8日、金子彌右衛門の家に與四郎、のちの谷風が生まれた。與四郎は9歳頃には米俵を担いで数里を往復したといい、幼い頃から力持ち。15、16歳頃に霞目村の鎮守で宮相撲があったとき、荒牛が駈けこんで来て年寄り子どもが蹴散らされそうになった。そのとき、走り出た與四郎が牛をさえぎると牛は一瞬踏みとどまった。與四郎は牛の角に手をかけ、腰を沈めて腕に力を込め「エイヤ」、掛け声と共に押すと荒牛がたじたじと退いた。

このとき、江戸の大相撲がかかっていて通り合わせた大関、関の戸音右衛門が、與四郎の力業を見、関の戸に弟子入りを勧められたが、その時は入門しなかった。

その後、與四郎は一関の領主片倉家に召出され、秀の山と名乗り郷里で角力の稽古に励んだ。さて、精進を重ね近隣では相手になる者がいなくなった。

1768（明和5）年頃、秀の山は江戸の大関・関の戸に入門。

関の戸はさっそく秀の山を土俵に連れ出し稽古をつけた。すると、怖ろしいほど力があるばかりか、腰もたしかで技も素敵に早い。関の戸は師匠の自分さえも負けそうだと驚き、すぐさま関脇にした。相手方の力士は「何だ田舎上がりの青二才か」と、かかっていったが誰も勝てなかった。

その翌年、秀の山は伊達の関森右衛門と改名。すると、なんと関の戸は自ら関脇に下り、伊達の関（秀ノ山）を大関に据えたのである。

伊達の関は力量が優れているばかりでなく、心だてがいかにもやさしく、おまけにこだわりのない天晴れ相撲取りだったが、これを見抜き、大関を譲った関の戸も天晴れである。伊達の関は八年の間、三都で相撲を取ること220回、その間、敗れること僅か11回。なお、前後26年角界にあったが、2764回の勝負のうち負けは4回、豪勢なものである。ものの本によって負け数が違い、相手に同情して負け、賞金を相手に取らせたという逸話もあるし、正確な数は分からないが、ほんとうに強かったのは間違いない。

1776（安永5）年、27歳。小結の時に谷風梶之助となる。

1789（寛政元）年11月、本朝相撲司吉田追風家[*1]から横綱を張ることを許される。

気立てがよく、身長180cm余、体重160kg余、色が白くて眼が細く、[*2]極めて大人しいから当代一の人気者であった。円満、高潔の人格者として逸話が多くある。1790（寛政2）年3月、京都で天覧相撲があり光格天皇に拝謁を賜る。

帝は南殿の御簾を掲げ給い、谷風の腕を撫し、あっぱれの骨格よと御嘆賞あり。いろいろな物を下賜された。

谷風と小野川

小野川喜三郎は、近江の人で大阪で相撲の修業、21歳の時に江戸に出るとたちまち大関に進み、谷風に次いで横綱を張ることを許された。

ところで、勝負事は相手がなくては面白くない。谷風は下り坂の40歳頃になって、やっと小野川という相手を得たのである。その小野川は谷風と対戦したとき、故意に数回の「待った」をして、肥満している谷風が疲れが出たところを見すまし、不意に立って谷風の胸を突いて勝った。

これに谷風は、「小野川と角力して勝たざるは、75貫目の力を以て胸骨を突かるるためなり、小野川と同量の土豚を作り、之を胸に受けて練習」、小野川を破った。小野川は卑怯なようであるが、力量が上の相手に向かう場合にはやむを得ないという説もある。

1791（寛政3）年6月、徳川十一代将軍家斉の上覧相撲が行われた。

ときに小野川34歳、美男で身の丈も、目方も、谷風に比べれば小柄であるが、色あくまでも黒く、身体が頑丈でいかにも強そうに見えた。この勝負、取り直しとなったがめでたく谷風の勝となった。

翌寛政4年、大阪でまた谷風・小野川の取り組みがあった。小野川が激しく突くのを谷風は踏みこたえたが、遂に土俵際まで押し出され危ないところを押し戻して、土俵の真ん中に立ちかえり、もみ合って同体に落ちた。

行司は小野川の体が上にあったので小野川に軍配を上げると、物言いがついて大騒ぎ。重箱を投げる、座布団を放る、収まりがつかず一晩中かかってようやく、勝負なしの預かりということで静まった。

1795（寛政7）年正月9日、谷風梶之助は流行り風邪がもとで46歳で死去。世の人、谷風の死を惜しんで、その流行り風邪を谷風風邪と呼んだ。

妻は東都医官・大田氏の娘。子ども4人。

谷風の遺物

谷風は、表面は片倉家の抱え角力になっていたが、内幕は仙台侯のお抱えであった。その谷風が用いた黒椀は容量5升というから、稀に見る大椀である。

仙台河原町の呉服問屋沢口安左衛門の子孫の家に谷風の遺品が保存され、化粧褌《けしょうまわし》の地は、白ビロードで、表に黒ビロードで「谷風」の二字があるばかり、意匠も飾りもない極めて質素なものだった。ただ、谷風の文字は日本一と称された書家、深川の親和の揮毫である。

その他、1771（明和8）年～1779（安永8）年まで9年間、十三ヶ津（津：人の集まる場所）における勝負附と、1790（寛政2）年江戸の本場所の番付も同所にあった。

また、生まれ故郷の霞目村には弓一張が残された。

＊1　吉田追風家：『けやきのブログⅡ』（2015年2月28日）より〈立行司、八代目式守伊之助（岩手県）〉を参照ください。
＊2　眼が細く：「女は鈴張れ、男は糸引け」女の目はぱっちり、男の目は切れ長がいい。

参考：『宮城郡誌』宮城郡教育会（1928）／『仙台繁昌記』富田広重　卜の字屋（1916）／『お伽文庫1』高野辰之　春陽堂（1912）

2015年7月25日（土）

戊辰後は自由民権運動・衆議院議員、内藤魯一（福島県・愛知県）

福島県ゆかりの人物を探していたら、「(生) 陸奥国福島、(出) 愛知県碧海郡上重原村。自由民権運動家。衆院議員（政友会）、政治家」という内藤魯一《ろいち》が目に入った。福島県生まれだが、遠く離れた愛知県で活躍したらしい。何故？　人名辞典をひくと、「戊辰戦争に際し官軍に内応」とあった。

会津人・柴五郎を知ってすっかり会津贔屓《びいき》になっているから、「官軍に内応」にがっかりした。でも、待てよ。内応には事情があるかもしれない。

東北諸藩そろって奥羽越列藩同盟に参加が人情として無理もないし、列藩同盟側に同情する。でもその一方、それぞれの藩と藩の利害と親近感、見聞が広く情報を持つ藩士に耳を貸すかどうかで敵味方になることがあった。

そのことを考えると、「内藤魯一の内応」に汲むべきものがあるかも知れない。ついでに、内藤の維新後の生き方も見てみよう。

内藤　魯一

1846（弘化3）年、福島藩家老・内藤豊次郎の長男として今の福島市に生まれる。幼名は詮太郎。内藤家は代々福島の譜代大名板倉氏に仕え320石、家老の家柄であった。内藤は物頭となって福島城の警備にあたる。戊辰戦争が起こると福島藩は奥羽越列藩同盟に属した。ところが、内藤はこれに反対して孤立する。

しかし敗北後は事態の収拾に力を尽くす。深い事情は分からないが、この間の行動が「内応」とされるなら、内応＝裏切りのイメージは違うような気もする。

ともあれ、福島藩は岩代国大沼郡と三河重原（愛知県刈谷市）の2カ所に振り分けられる。

1868（明治元）年、三河重原藩士として多数の士族とともに三河の重原へ移る。執政大参事となった内藤は22歳。その若さで士族の生活を守るために、抜本的な行政改革を行い、地域開発に取り組む。

1871（明治4）年、廃藩置県。

内藤は早くから廃藩置県を予想し、近隣の山林原野を開墾地として公平に分配したり、茶や桑の栽培を奨励する。

1879(明治12)年、愛知で旧重原藩士と周辺の豪農を中心とした三河交親社を設立。

1880(明治13)年、愛知県有志を一本にまとめ、組織を拡大して愛知県交親社を設立。3月、大阪で開催された愛国社第4回大会[*1]には愛知県交親社の代表として参加。

――12月9日、国会開設の請願のため太政官門前に詰めかけ、凛然たるこの寒風の下に立ちて、大臣に面会を乞わんとせしも入門を許されざれしは、新潟県羽生郁二郎・山際七司・岡山県小林楠雄・青森県菊池九郎・福島県原平蔵・内藤魯一・宮城県若生精一郎……都合13県、26名の烈士なりしとか。(『東京曙新聞』明治13年12月14日)

愛知交親社の分裂後、内藤は県下の民権運動の指導者として活躍。

また板垣退助の秘書となり、「三河板垣」の名前で呼ばれた。後に自由党結成の際、常議員となり「日本憲法見込案」(私擬憲法)を起草。地域新聞に発表したが、その内容は民権運動家の内藤魯一の政治姿勢をよく表していた。

1882(明治15)年4月6日、東海道遊説に出た自由党総裁・板垣退助が岐阜で演説のとき遭難。そのとき、板垣を襲った暴漢を投げ飛ばし取り押さえ、窮地を救ったのが内藤魯一である。

この遭難事件の際、板垣が叫んだ「板垣死ストモ自由ハ死セズ」は、民権運動の合い言葉となった。

〈板垣君遭難之図（一陽斉豊宣画）〉

1884（明治17）年、有一館長[*2]となる。自由民権運動の激化事件として知られる加波山事件に連座して2年間、獄中生活を送る。

福島・栃木の自由党員が政府高官の暗殺を計画し発覚した加波山事件をはじめ、高田・群馬事件で党員の統制力を失った自由党はこの年10月解散。

解党後、北の新地裏町・静観楼で有志懇親会を開く。板垣退助・片岡健吉・大井憲太郎ら106名、それに内藤魯一も出席した。

1890（明治23）年7月、第一回衆議院議員選挙に出馬するも落選。

他県生まれ、選挙干渉というハンディにより落選。この後、愛知県会議長を4期10年以上つとめ、明治用水の整備や名古屋港の築港に力を注いだ。

1906（明治39）年、再び衆議院議員選挙に立候補し当選。伊藤博文を中心とする立憲政友会に所属した。以後、当選2回。

1911（明治44）年、代議士現職のまま、64歳で死去。墓所は愛知県刈谷市の竜江寺。

＊1　愛国社：立志社の呼びかけにより各地民権政社の代表が大阪に集まり結成。この第4回に112名が参加、自由民権運動の指導的役割を果たした。

＊2　有一館：自由党が文武研究所として創設し片岡健吉が主監していたが、内藤がこれに代わる。『自由党史』によれば館員は全国から集まった四十数名。

参考：『自由党史』宇田友猪・和田三郎　五車楼（1910）／『コンサイス日本人名辞典』三省堂／『近現代史用語辞典』安岡昭男編　新人物往来社（1992）／『明治日本史発掘2』河出書房新社（1994）／ウィキペディア／愛知エースネット／『日本史辞典』角川書店（1981）

2015年8月1日（土）

南部藩、御用商人（高島嘉右衛門・村井茂兵衛・小野組）

幕末明治期の話で「小野組」を見かける。三井・三菱と似たようなものと思っていたが、終わり方、没落があまりに急で気になった。そこで『小野組物語』を読み、組織の不和や政治が絡んで崩壊したのを知った。

ところで、物語に何かと御用金を命じる南部藩に目がいった。南部藩に限らずどこの大名も御用金を命じたそうだが、たまたま高島嘉右衛門の「南部藩への貸金三万五千円の拋棄」という話を読んだことがあり、南部藩にまつわる商人を見てみようと思った。

高島　嘉右衛門

明治の実業家・易学家。

15歳で南部領釜石鉄山の監督に赴き、のち江戸で家業を継ぎ、南部・鍋島藩主との結びつきを強めた。

1871（明治4）年廃藩置県の際、南部家より

――「今般廃藩となりしに就いては、藩の財産及び負債とも一切朝廷に差出し、大蔵省にてご処置相成るべき筈につき、予て其許より借財となれる分もこの際その筋に提出すべければ、その元利金額悉皆取り調べたる上申し出られるべし」

南部藩が高島から借りた金を大蔵省が国債にして渡してくれるから元利金を申し出るようにという高島にとっては何よりの話だ。

しかし「無しにしていい」と高島。

――「国家の財政を顧みれば、前途いよいよ多事、新たに廃藩置県を決行し、諸侯並びに諸藩士は藩籍を奉還しその禄高を上納し、これに代うるに金禄公債を拝受せらるる。之がなければ衣食の道を失う。が自分は昔の御用立金を今更に断じて受ける意なし」

これに、南部家の大参事大浦東次郎、少参事佐藤昌蔵[*1]らは、

「強いて辞退とあらば無理に勧めないが、政府より下付せらるるものなれば、何にも遠慮には及ぶまじきに」と不審顔で納得いかない様子だったが、この話はこれで終わった。

ところが、同じ南部藩の金策をした盛岡の商人村井茂兵衛は廃藩置県後、疑獄事件に巻き込まれてしまう。

村井茂兵衛、尾去沢《おさりざわ》事件

盛岡城下の豪商・村井は南部領の尾去沢鉱山の経営を任されていた。

しかし、明治維新の際に南部藩は20万石を13万石に削られた上に、70万両の献金を命じられた。南部藩は村井に金策を依頼。

村井はイギリス商人オールトに頼んで金を借り、破約の場合には2万5千両の違約金を払うことにした。ところが南部藩の重役は外国商人からの借金を拒絶しろということになり、村井は後で立て替えた違約金を藩から返済してもらった。

その際、慣習に従って「奉内借」と記した受取書を出した。


1871（明治4）年、廃藩置県。

各藩の債権債務を引き継いで整理に当たった大蔵省は、その受取書をみて村井が南部藩から2万5千両の借金をしていると解釈。その上に銅山の採掘権料が一部未納になっているとして村井の財産を差し押さえてしまった。

1872（明治5）年3月、大蔵省は尾去沢鉱山を没収、尾去沢事件である。

村井は南部藩には多額の貸付金があるが返却を受けてないこと、銅山没収は不当であることを強く主張したが、はねつけられてしまった。そして結局のところ、銅山は井上馨の所有になってしまった。次の小野組の破綻も政府内部の力関係と無縁ではない。

小野組

明治初期の政商。先祖の小野組の始まりは近江から出た糸割符商人[*2]、両替商。

小野家は、琵琶湖西の大溝（現滋賀県高島町）からみちのく南部（岩手県）へ進出。南部地方の大豆や生糸・紅花・漆・大小豆・砂金などを京都や大阪、上方へ持ち込んで商う。そして、上方からは古着・茶・薬・砂糖・傘・京人形・呉服・扇子・線香などを南部地方へ運んだ。

1695（元禄8）年、冷害と大暴風雨による大飢饉で餓死者4万人。南部藩は盛岡城下の商人らに救済費御用金を命じ小野家もこれに応じた。南部藩は領内産金が衰微、幕府の普請手伝いなど財源に窮し、商人の御用金（借上げ金）に頼ることが多くなった。

近江・京都の他に盛岡紺屋町・盛岡八戸領・盛岡呉服町・盛岡十三町・盛岡穀町・盛岡材木町・盛岡三戸町などに店を持つ小野家への割当は多かった。

1830～1841（天保年間）年、南部地方は大飢饉と不況が尾をひき藩財政は極度に逼迫、莫大な御用金が商人に課せられた。

当時、小野家も危機的なほど負債を抱えていたので藩財政から手を引き、追放処分になった。翌年、追放は解除されたものの内部のギクシャクが影を落とす。

1868（慶応4）年、王政復古の大号令。

戊辰の戦に小野組・三井組・島田組の三家で新政府軍に2千両献金。そのほか、政府の会計基金300万両を調達するため、小野組と三井組は大きな役割を果たした。

1868（明治元）年、小野組当主・小野善助は三井組・島田組とともに明治新政府の為替方を命ぜられ政府の為替方として活躍。

1872（明治5）年、三井小野組合銀行（のち第一国立銀行）を創設。

取扱官金の借入で、東京築地・福島に製糸工場、阿仁・院内の鉱山や製紙経営など事業を開発拡大。こうした官金を利用した経営拡大、各府県の為替方として勢力をふるう小野組に対し、政府は、官金預り額に相当する担保を出すよう迫った。

これには政府部内の派閥争いも絡んでいるようだが、ともあれ短期間に貸金回収や不動産売却は不可能で小野組は破綻する。

1874（明治7）年、島田組と共に小野組破産。

小野組の破産後、生糸買い付けなどを担当していた古河市兵衛は、鉱山経営に手をのばし足尾銅山を手に入れる。

＊1　佐藤昌蔵：『けやきのブログⅡ』（2014年10月18日）より〈北海道大学育ての親、佐藤昌介とその父、佐藤昌蔵（岩手県）〉を参照ください。
＊2　糸割符：江戸時代、外国船がもたらした白糸（生糸）の売買に幕府が、堺・京都・長崎・江戸・大坂の商人に許可した独占権、また、その証書。

参考：『異色の近江商人・小野組物語』久保田暁一　かもがわ出版（1994）／『呑象高島嘉右衛門翁伝』植村澄三郎（1914）／『近現代史用語辞典』安岡昭男編　新人物往来社（1992）／『角川日本史辞典』角川書店（1981）

2015年8月8日（土）

広島県産業奨励館（原爆ドーム）

高校生の孫はスマホだ、ラインだと一人でいても忙しい。自分がその年頃には、テレビがまだ全世帯になく、プロレス中継の晩になると近所の人が集まってきて賑やかだった。半世紀もたつと様変わり、環境は違うし世代間のズレは当然。でも伝えていかなければならないことがある。戦争についてだ。

私も戦争の現実は知らないが、親から話は聞いている。戦後の苦労話もよく耳にした。それに♪原爆許すまじ、許すまじ原爆を～と歌う女性の透き通った声も耳に残っている。上野公園・西郷さんの銅像近くの階段に並ぶ白衣の傷痍軍人を見るたび、子ども心にも気の毒に思い、戦争はいけないと自然に学んだ。

ところで、戦争に関する話を子や孫にしたことがない。日本が戦争をしたことさえ知らない若者がいると聞いて驚いたが、何も伝わっていないからそうなる。伝えてこなかったことを遅まきながら反省。

なぜなら、現在、戦争が親たちの思い出話でなく、遠くない先に起こりそうな気配がなきにしも非ずだから。徴兵制が復活するんじゃないか、そんな不安もよぎる。戦争を知らない世代が舵をとる日本、そっちに傾くのだろうか。

軍需都市広島が平和都市になって営む慰霊祭、テレビの映像を見つつ思いを巡らせるが何も纏まらない。平和が続くことを祈るばかりだ。

初めて原爆ドームの写真を見た時、円いドームから東京神田お茶の水にあるニコライ堂のような教会なのかと思ったが、産業奨励館だったという。いつ建てられ、どのような営みがなされていたのだろう。

広島県産業奨励館（広島市猿楽）

1910（明治43）年県会において建設決議。

1914（大正3）年1月、起工、同4年3月竣工。8月業務開始。

1921（大正10）年、広島県物産陳列館と称したのを広島県立商品陳列所と改称。

1933（昭和8）年11月1日、広島産業奨励館と改める。

――元安河畔の輪奐《りんかん》の美[*1]は、市内建築物の最もモダンな誇りであった。業務の要項は、生産品販路の開拓、海外貿易の斡旋及び指導、商品改善の指導、商工に関する参考品の陳列及び貸与、図案の調査、生産品の調整及び指導、産業に関する図書その他刊行物の発行、募集及び展覧などである。(『広島県史蹟名勝写真帖』(1935))

引用文に「海外貿易」とあるが、1934(昭和9)年「広島県産業奨励館出張員表」(『産業の広島県』)記載の5人の出張先をみると、当時の日本の範囲が窺える。

満州国新京三笠町・新京輸入組合内
関東州大連市羽衣町・大連輸入組合内
満州国奉天淀町15番地
満州国哈爾浜《ハルピン》道裡斜紋街・哈爾浜商品陳列館内
中華民国上海市灘路25号　日本商工会議所内

産業奨励館編集の『広島県の産業』は、豊臣秀吉の和歌から広島県観光第一の厳島(安芸の宮島)を紹介してから、産業の概況を述べている。

聞きしより眺めにあかぬ厳島　見せばやと思ふ雲の上人　(関白秀吉)

林業：松茸の産額は全国3位（昭和15年）。
畜産：神石牛は古くから和牛の最良種として知られる。
農産：米は農地が狭いので県外から移入、酒造米は樺太までも進出。藺《い》草は全国2位で備後藺として有名。畳表は日本一。果物、除虫菊の栽培も盛ん。
水産：広島の牡蠣は日本一。イリコの生産、製塩業が盛ん。
工業：綿織物・人造絹糸およびステープルファイバー・毛筆・清酒・和洋家具類
軍需工業：陸軍の広島・海軍の呉、二大軍都を持っている関係で官業工場が多い。民間工業も発達。各種の缶詰・パン類・鑢《やすり》・人造砥石・自動三輪車・削岩機など。

1935（昭和10）年頃の広島の建築物や名所。『広島県史蹟名勝写真帖』より。
——広島県庁・大本営跡（日清戦争の大本営）・広島城址・第五師団司令部・広島招魂社・観古館（浅野家所蔵の古門書・文房具・骨董・刀剣・甲冑など展示）・大石家の墓（赤穂義士）・頼山陽旧居・広島市庁・広島商工会議所・広島駅・相生橋*2・広島控訴院・広島逓信局・広島税務監督局・広島地方専売局・広島中央放送局（JOFK：昭和3年開局）・広島病院・日本赤十字社広島支部・武徳殿（大日本武徳会広島支部）・広島工業試験場・広島県醸造試験場・

広島文理科大学・広島高等師範学校・広島高等工業学校・広島高等学校・広島女子専門学校・中国新聞社・広島測候所・呉鎮守府・呉市庁・呉海軍工廠・呉海兵団・第一上陸場（呉軍港）・呉海軍航空隊・広海軍工廠・呉海軍病院・呉商工会議所・音頭瀬戸・清盛塚・海軍兵学校・尾道駅・瀬戸内商船会社・向島船渠・尾道港・福山城址・厳島神社などなど。

広島は海と陸の交通の要衝で軍事機関が目立つ。それらは広島を栄えさせたが、戦争の終わりに原子爆弾により一瞬にして市街の大半が壊滅。爆心地は市街の中心をなす太田川にかかる相生橋、被災戸数約7万、死者26万に達した。

被爆後、生存を保ち得た人々も、身体に残る障害、原爆症による死者が今も絶えない。広島産業奨励館に限らず、どの建物にも人がさまざまな営みをしていたことを思うと、市街が一瞬で失われたことの恐ろしさがいっそう思いやられる。二度と戦争をしてはならない。

＊1　輪奐の美：建物が巨大で華美な様

＊2　相生橋：太田川と元安川《もとやすがわ》の分流点上流にかかるT字型橋。すぐ下流は平和公園で原爆ドームが残る。

2015年8月15日（土）

明治・大正・昭和の戦争

今朝、いつもより少し楽だなと温度計を見やると「30℃」。例年なら「うわ～!!」だが、猛暑の今夏はちょっと一息。終戦の夏はどのくらい暑かったんだろう。

その終戦から70年後の2015年8月、何か不安な空気が漂う。戦前のようだと言う人さえいる。近い歴史をふり返れば、日本は戦争を繰り返していたから、不安を杞憂だと笑えない。近代日本は10年未満間隔で戦争をし、戦争準備や戦後の後遺症を考えると戦争が身近だったと察せられる。それを思うと、平和な時代が70年も続いたことはほんとうに素晴らしい。どうかこの先も続いてほしい。

戊辰戦争

1868～1869（慶応4年～明治2）年。

維新政府と旧幕府軍の戦争。鳥羽伏見の戦いに始まり、新政府軍の東征、江戸城無血開城、奥羽越列藩同盟の長岡・会津戦争を経て箱館の五稜郭で旧幕府海軍が壊滅し終結。

西南戦争

1877（明治10）年、鹿児島を中心にした最大の士族反乱。

征韓論争に敗れた西郷隆盛は鹿児島に帰郷、私学校で子弟養成につとめていたが、西郷暗殺計画が発覚したとして、2月、推されて挙兵。熊本鎮台を攻撃したが、徴兵軍隊[*1]に鎮圧され、西郷も城山で自刃。

日清戦争

1894〜1895（明治27〜28）年、朝鮮をめぐって日本と清国が起こした戦争。

朝鮮の宗主権を主張する清国（中国）と朝鮮進出を図る日本が、東学党の乱をきっかけに対立。

1894（明治27）年8月1日、清国に宣戦布告。

1895（明治28）年4月、日本が優勢のまま下関条約を締結。

清国は日本に対し遼東半島・台湾を割譲、賠償金を支払い、朝鮮の独立などを認めた。

しかし、ロシア・ドイツ・フランスの三国干渉により、遼東半島は清国に還された。

北清事変（義和団事変・団匪事件）

1900（明治33）年、清国（中国）義和団の反乱事件。日本公使館書記生が殺害される。8カ国連合軍による鎮圧戦争。北京包囲戦に日本は連合軍中、最大の軍隊を派遣。翌年、議定書成立。以後、軍事占領をめぐり日本とロシアが対立。

日露戦争

1904（明治37）年2月開戦。

ロシアが北清事変以後、中国満州の独占支配と韓国進出を図り日本と利害対立。

日本は日本海海戦に勝利し海軍力で優位に立ったが、陸戦では苦戦。

奉天会戦（日露戦争最後の大規模な陸戦）で日本軍は、南満の要地奉天（瀋陽）を総攻撃して勝利し占領した。しかし、敗走するロシア軍主力を追えなかった。

1905（明治38）年、アメリカの斡旋で講話が成立、ポーツマス条約を結ぶ。

小村寿太郎全権は賠償を放棄し、ロシアの中国での租借地、鉄道の譲渡や南樺太の割譲などを認めた。

第一次世界大戦

1914(大正3)年8月23日、日本はドイツに宣戦布告し第一次世界大戦に参加。列強の植民地拡大をめぐる世界戦争。イギリス・フランス中心の連合国とドイツ中心の同盟国とが総力戦を展開。日本も日英同盟を理由に参戦、中国での利権拡大を図った。戦いはドイツ側の敗北により終結。

シベリア出兵宣言

1918(大正7)年8月2日、ロシア革命干渉を図り、日・米・英・仏がシベリアのチェコ軍救出を名目に出兵。他国が撤兵したあとも、日本のみ継続。戦費10億と7万3千の兵力を投入、内外の非難を浴びて1922(大正11)年撤兵した。

第一次山東出兵

1927(昭和2)年5月28日、北伐(中国国民政府の北方軍閥に対する討伐戦)に際し、田中義一内閣が行った中国山東地方への出兵。

在留日本人保護を理由とし約2千名を派遣。その後増派し計3回出兵。

柳条溝事件

1931（昭和6）年9月18日、奉天北部の柳条湖で関東軍が満鉄線路を爆破。関東軍の謀略による爆破事件をきっかけとして日中紛争、満州事変に発展する。

盧溝橋事件

1937（昭和12）年7月7日、北京郊外盧溝橋付近で、夜間に演習中の日本の駐屯軍と中国軍が衝突。日中戦争の発端となった。

ノモンハン事件

1939（昭和14）年5月11日、満蒙国境紛争をめぐりノモンハンで日ソ両軍が衝突。日本軍はソ連軍機械化部隊に死傷者1万7千余を出す壊滅的打撃を受け大敗。

日米開戦

1941（昭和16）年12月8日、現地時間7日午前7時55分。日本海軍の機動部隊がハワイ・オアフ島の真珠湾（パールハーバー）停泊中のアメリカ太平洋艦隊に先制奇襲攻撃。日米開戦の幕開けとなり、日本はドイツのポーランド進撃に対する英仏の対独宣戦に始まる第二次世界大戦に参戦。

終戦詔書

1945（昭和20）年8月14日、ポツダム宣言受諾を決定。

15日、日本が連合国に対し無条件降伏したことを、天皇自ら放送により日本国民に報じる。ソビエト参戦と原子爆弾投下により日本の敗北は決定的となったが、降伏に不服な青年将校は14日クーデターを起こし、詔書録音盤を探したが発見できず無事放送が行われた。

日本国憲法施行

1947（昭和22）年5月3日

――「憲法を守ろう」「憲法を変えよう」とややこしいのは、この憲法の生誕事情にある。平和と民主主義と人権の貴重さを深刻なまでに知った第二次世界大戦直後の国際世論を背景に、アメリカは、しぶる日本政府をおどしてまでこの憲法を「押しつけ」た。ただし「押しつけ」たのは世界史と国際世論の流れ、「押しつけられた」のは明治憲法と「国体」を死守しようとした勢力。国民にとっていささか不幸だったのは、この憲法もどこからかやってきて、「さあ、守りましょう！」で始まったことだろう。

その不幸をかかえながら、しかし、手にした憲法は最良の英知をふんだんに含んでいたため、急速に国民生活に浸透していった。表現は自由だし検閲はないし、教育はのびのび、女も男と平等、なによりもう戦争はしないし武器も持たない。こいつぁいい。

ところが憲法が定着しかかった矢先に、またアメリカの押しつけ。今度は軍隊を作れ、それに反対するやつは発言させるな……改憲の計画が始まる。(『主権者はきみだ』森英樹　岩波ジュニア新書（1997))

1951（昭和26）年9月4日、サンフランシスコ講和会議。8日、対日平和条約、日米安全保障条約調印。

＊1　徴兵：1873（明治6）年、徴兵令公布。満20歳男子から抽選し3年間の軍務であったが、明治12、16、22年に改正、国民皆兵を実現。徴兵制：徴兵令から太平洋戦争敗戦による武装解除に至るまでの国民の義務兵役制度。

参考：『近現代史用語辞典』安岡昭男編　新人物往来社（1992）／『日本史小事典』山川出版社（1990）

2015年8月22日（土）

会津人・柴五郎と竹橋&8月15日（福島県）

この春から月一回、漢詩入門を聴講、皇居竹橋前の毎日新聞文化センターに通っている。きっかけは資料集め中の「山東直砥」が詠んだ漢詩を理解したくてだったが、今はただ愉しく通っている。

NHK「漢詩をよむ」でおなじみの石川忠久先生の講義、漢詩についてはむろん、行間が豊かで面白い。きっと、石川先生の心胸には中国四千年が息づいている。

詩経から始まり杜甫や李白はもちろん近世までの詩、漢詩人のエピソードも豊富、遠い時代の中国の人物に血を通わせての紹介は分かりやすい。幾百年昔の中国の詩人に親しみさえ覚える。難しいことをいとも簡単にやさしく教えてくれる先生に感心するばかり。

それにまた、先生が中国語で漢詩を暗誦するとまるで音楽のよう。韻の大切さがおぼろげながら理解できる。しかしながら、漢詩は難しい。そこで、普及活動をされているそうで、その一つが「藩校サミット」。

ところで、8月は高校野球甲子園大会シーズンだが代表校の中に難しい校名がある。その多くが江戸時代の藩校名に由来するらしい。

先生は地方へも出向いて講義をされるそうで、訪れた県の漢詩人の名を挙げては楽しそうに紹介されていた。中国はもとより日本の漢詩にも造詣が深いのだ。

ひょんなことから、ある人に石川先生が柴五郎の子孫と教えられた。柴五郎ファンとしてうれしく、思い切って先生に伺うと、柴五郎の姉、望月つまの子孫と教えてくださった。柴五郎の祖母・母・姉妹五人、戊辰戦争のさなか自害し、ただ、望月家に嫁いだ姉が生き残ったのだ。そのご子孫に出会えてほんとうにうれしく、皇居前の竹橋にも因縁を感じずにはいられなかった。

その竹橋駅（地下鉄東西線）の真上にある毎日新聞社の敷地は、戊辰戦争で敗れた会津藩士の謹慎場所「一橋御門内御搗屋」（幕府糧食倉庫）であった。むろん柴五郎も兄たちとそこに謹慎していた。そのゆかりの場所で子孫にお会いするとは、なんという偶然。

以下、『ある明治人の記録』（柴五郎）、『紙碑・東京の中の会津』（牧野登　歴史調査研究所／日本経済評論社発売（1980））より引用。

――苦しき旅、十余日、東京に到着せる日、七月初旬にて、梅雨明けの蒸暑さ、堪えがたく、幕府糧食倉庫に着きたる時は、疲労困憊、流汗淋漓たり……中央に通路ありて両側に一人一畳ずつの荒畳を敷き十余間見通しなり……風通し悪きうえ蚊蝿の類多く不衛生なれば、寝苦しきまま板壁をはずす者多し。太一郎兄いずこより入手せるか知らざれども、翌晩より破れ蚊帳張りて、余と共に就寝せり。

柴五郎の8月15日

ところで、2015（平成27）年は戦後70年、そして柴五郎没後70年である。

1945（昭和20）年元旦は警戒警報発令で明けた。

この戦争も4年目となり敵機が頭上を驀進する有様、前年11月からB29が東京上空に姿を現していた。

柴五郎の次女春子は空襲で焼け出され、娘2人を連れ着の身着のまま世田谷の柴邸に逃れた。戦況が厳しいのは分かっていたが、軍人の家なので家財を持ち出したり逃げ出すこともできず、みすみす丸焼けになってしまったのである。

当時の柴邸には、五郎と長女みつ、春子母子3人、姉望月つまの息子そして女中と7人が住んでいた。五郎は少し足が不自由になっていたが毎日畑を耕していた。

フィリッピン防衛戦では日本軍の戦死多数で敗戦続きの日本兵は山地を逃げまどい、ついに硫黄島も戦死2万人を出し玉砕。硫黄島を占領したアメリカ軍はここから日本空襲を援護し3月9日夜から東京大空襲が始まり空襲の死者は8万人にもなった。

大爆撃により大阪・名古屋の大都市や地方都市も炎上、国土は焦土となった。

5月、ドイツ無条件降伏。日本も降伏を考えなければならない時が来たのに日本軍はなお沖縄でアメリカ軍と戦った。

6月末、やっと死闘もほぼ終わり、アメリカが沖縄を占領。

沖縄決戦は「ひめゆり部隊」の悲劇をふくめて9万の将兵が戦死、15万の島民が犠牲となった。なんと、犠牲者は将兵より一般国民の死者の方が多かった。

降伏以外の終戦はあり得ない時に至っても、最高戦争指導会議はなお最後の一大打撃を与えて、多少とも有利な和平をめざそうと本土決戦を決定した。

7月、ベルリン郊外のポツダムでアメリカ・イギリス・ソ連が会談、ドイツの戦後処理および対日無条件降伏を勧告するポツダム宣言を発表。しかし、日本政府は黙殺。これに対する連合国の回答が広島と長崎への原子爆弾投下であった。

8月15日午前、関東地区に250機の艦載機が来襲。

正午にポツダム宣言を受諾する玉音放送。

朝鮮ソウルで総督府従業員は15日のラジオ放送で涙した。その反対に日本の敗戦により解放された朝鮮の人々は、国民服やモンペを脱ぎ捨て、チマ・チョゴリ姿で街を歩きはじめた。

ちなみに、韓国では8月15日を光復節として祝っている。

さて、柴五郎は正座して玉音放送に耳を傾けた。その後、気力が衰えたのか敗戦の12月13日、87歳で世を去った。

軍国主義を捨て去った日本、陸軍大将の死亡記事は短い。朝日新聞はかんたんな経歴と末尾に「宮中杖を差許された」と一行。

柴五郎の死と同じ12月13日、ニューヨークでノーベル賞受賞祝賀会があり、原子爆弾製造への道をひらいたアインシュタイン博士が注目された。かつて来日、大歓迎された博士は広島・長崎の惨状を知ってか、「恐怖から解放せられるべき世界は戦後に却ってその恐怖を増大した。諸国が相互に対する態度を改めないならば、これによって惹起せらるべき惨害は筆舌に絶するであろう」と世界に警告。

2015年8月29日（土）

仙台医学専門学校、藤野先生と魯迅（宮城県）

今夏は東京でも35～36℃が当たり前のような猛暑、でも高校野球熱戦続きの甲子園球場はもっと暑かっただろう。決勝戦は宮城の仙台育英と神奈川の東海大相模の大一番、東北に優勝旗をと念じながらテレビ観戦。結果は仙台育英の夢持ち越し……残念。東北人ではないが、がっかり。記録を見ると、東北勢は1915（大正4）年から今大会まで11回決勝に進んでいる。なのに遠～いあと一勝、次こそがんばって！

仙台育英の活躍に触発され、明治期の宮城県の学校をと考えた。そういえば仙台医学専門学校というのがあった。日露戦争の頃、藤野先生が中国からの留学生・魯迅に教えた学校である。

仙台医学専門学校

1901（明治34）年4月、仙台医学専門学校、仙台の第二高等学校から医学部が分離されて設立。仙台二校医学部の校舎、職員・生徒を引き継いで開校。医学科と薬学科を置き、新規入学生を加えて同年9月、修業年限4年で発足、医学士の養成にあたる。

当時「もっとも就職率のよかったのは仙台医専でした」(卒業生新見医師)。

この時期、仙台のほか、千葉医学専門学校(旧第一高等学校医学部)・岡山(旧第三高等学校医学部)・金沢(旧第四高等学校医学部)・長崎(旧第五高等学校医学部)も設立。

「文部省職員録」明治37年より
〈仙台医学専門学校〉仙台市片平町

長　二等二級俸　兼教授・正五位勲四等　山形仲藝(外科学)
教授　三等(兼)　校長　山形仲藝
教授　三級俸　従五位勲六等・医学博士　内田守一(内科学)
(中略)
七等十一級俸　従七位　小高　玄(ドイツ語)
八等十二級俸　藤野厳九郎(解剖学)
所教授　五級俸　玉造彌七郎(薬理学)　以下略

1911（明治44）年1月、仙台に東北帝国大学の理科大学開設。

1912（明治45）年3月、東北帝国大学に医学専門部が開設し併合される。

1915（大正4）年、東北帝国大学に医科大学が開設され、医学専門部も廃止となる。

藤野先生と魯迅

1904（明治37）年2月、日露戦争開戦。

9月から一年半、清国留学生・魯迅が仙台医学校で学ぶ。

魯迅の本名は周樹人、浙江省紹興の人。周作人は弟。

魯迅は読書人の家に生まれたが少年期を困苦のなかで送る。

南京の学費官給の学校に入学、西欧の近代科学思想を学んだ。官費留学生として日本に留学。東京弘文学院で日本語を勉強し、東京に近い千葉医専でなく仙台医専に入学。

魯迅――「仙台へきてから優待をうけたのです。学校が授業料を免除してくれたばかりでなく、二、三の職員は、わたしのために食事や住居の世話までしてくれたのです」
「そのとき、入ってきたのは、色の黒い痩せた先生でした。八字髭をはやし、眼鏡をかけ、大小とりどりの書物を抱えていました。わたくしは藤野厳九郎というもので……自己紹介をはじめると、後の方でどっと笑うものがいたのです。続いて彼は解剖学の日本における歴史を講義しはじめたのです」

「在校一年になり各種の事情に通暁。うしろの方にいて笑った連中は、前学年に落第して、原級にとどまった学生でした」

……

藤野先生によばれて研究室にいってみますと、藤野先生は、人骨やら――多くの頭蓋骨やらの間に座っていたのです。

「わたしの講義は、筆記できますかね」

「すこしできます」

「持ってきてみせなさい」

ノートを差し出すと、一日二日して返してくれ、その後毎週みせるようにいわれました。返されたノートを開いてみると、はじめから終わりまで、全部朱筆で添削してあったばかりでなく、抜けた箇所が書き加えてあり、文法のあやまりまで訂正してあるのでした。

それは先生の学課・骨学・血管学・神経学の終わるまで、ずうっと続けられたのです。

……

細菌の授業で幻灯が使われ、終わって時事が写し出された。仙台は第二師団のある軍都であり、日露戦争が映し出され、ロシアと戦って日本が勝つ場面ばかりでした。

そのなかに、ロシア人のスパイを働いたかどで、日本軍に捕らえられて中国人が銃殺される場面がありました。それを取り囲んで見物している群衆も中国人であり、教室でみているわたしも……教室の学生たちはみな手を拍って「万歳!」歓声をあげた。わたしにとっては、このときの歓声は、特別に鋭く耳を刺したのです。

——ああ、もはやいうべきことばを持たないのです。

わたしは藤野先生をたずねて、医学の勉強をやめたいこと、仙台を去ることを告げたのです……

わたしが師と仰ぐひとのなかで、先生はもっともわたしを感激させ、励ましてくれたひとりなのです。先生のわたしに対する熱心な希望と、たゆまぬ教訓とは、小にしては中国のためであり、中国に新しい医学の生まれることを希望することなのです。大にしては学術のためであり、あたらしい医学の中国へ伝わることを希望することなのです。

先生の性格は、わたしの眼中において、また心裡において、偉大なものなのです。

参考：『明治時代史辞典』吉川弘文館（2012）／『魯迅伝』山田野理夫　潮文社（1964）

2015年9月5日（土）

政教社同人、菊池熊太郎（岩手県釜石市）

東日本大震災、原発事故があって被災地に目がいき、その地の幕末明治をふり返るようになった。そうしたら、歴史の視点をどこに置くかなど考えさせられることが多くなった。それからは何かの資料を見、人物・事件などの地が福島・宮城・岩手だと気になる。先日は『明治時代史大辞典』の政教社の項に岩手県釜石出身の菊池熊太郎とあり、見てみた。

菊池　熊太郎

――明治時代の釜石を代表すべき人物は実業界における小軽米浩、学界における菊池熊太郎、教育界における八重樫寿太郎であろう。

菊池熊太郎は1864（元治元）年10月釜石に生まれ。父を双六、母を千賀といい妻柴氏は乃木希典大将夫人の令姪に当る。（『横山久太郎翁伝』）

1880（明治13）年9月札幌農学校入学。
1884（明治17）年7月卒業、農学士。翌年、文部省の教員検定免許証を得る。
千葉中学校：明治17年～19年2月。
福島中学校：明治19年2月～20年3月。
私立東京英語学校：明治20年9月～22年2月。
このほか、私立東京法学院（のち中央大学）などで教鞭をとる。

1888（明治21）年、三宅雪嶺・杉浦重剛・井上円了ら10名によって「政教社」創立。政教社は国粋主義を唱えた思想的結社で、4月機関誌『日本人』を刊行。『日本人』はしばしば発行停止にあう。のち三宅雪嶺が中心で内藤湖南・長沢別天が編集に加わり、1907（明治40）年『日本及日本人』と改題。

『日本人』創刊の辞に名を連ねたのは、加賀秀一（岐阜・士族）、今外三郎（弘前・士族）、島地黙雷（山口・西本願寺執行）、松下丈吉（久留米・士族）、辰巳小次郎（尾張・士族）、三宅雄二郎（雪嶺、加賀・士族）、菊池熊太郎（東魏、岩手・平民）、杉江輔人（広島・士族）、井上円了（越後・慈光寺）、棚橋一郎（岐阜・士族）、志賀重昂（岡崎・士族）の11名。これに加えて、

杉浦重剛（近江・士族）、宮崎道正（越前・士族）の13名が同人。

殆どが非藩閥の藩士・儒者・僧侶の士族層の家系。最新最高の官学で文化系と理科系の洋学を学び、政教社創立前後に官から離脱した者、批判に転じた者、教育への従事者である。また、政教社以外の言論誌でも活躍、非キリスト教徒であることが共通している。

政教社同人は、近代の官立教育機関（東京大学、札幌農学校など）で洋学を身につけて、在来の思想や価値観と葛藤しながら、西洋の価値観をのみ込んだうえで、非西欧型の日本の近代化を模索して国粋主義を主張した。

こうした中で、菊池熊太郎を理学宗を提唱し明治思想史上逸すべからざる人物と評する向きもある。国会図書館デジタルコレクションで編著書が読める。

刊年不明：『西洋歴史・講述』、『中等地理教科書・上下』、『中等教育の過程に経済の一科を加ふべし』

1885（明治18）年～1889（明治22）年：『科学理論一班』編著、『男女心理之区別』『道徳新論』、『地理教授新論』エー・ケイキー著・訳

1890（明治23）～1895（明治28）年：『学海・第一号』（国民教育）、『新体理科示教』、

『理学』編述、『新撰普通部地理学』、『中等地理教科書』、『普通万国歴史』、『新撰小地文学』（地文学トハ地球ノ表面ニ興発スル自然ノ現象ニツキテ究明スルモノニシテ自然地理ト呼バル）『物理教科書』金港堂版（１８９７・１８９９）は広く用いられた。

１８９４（明治27）年、実業界に入り勧業銀行[*1]監査役となる。

その後、菊池は大同生命保険会社（明治35年創立）取締役・東京支店長をつとめる。

１９０８（明治41）年9月17日、脳溢血にて急逝。享年45。東京青山墓地に葬られる。

＊１　勧業銀行：日本勧業銀行。１８９６（明治29）年の日本勧業銀行法によって設立された特殊銀行（初代総裁・河島醇）。農・工業に長期資金を供給することを目的とした。のち第一勧業銀行（みずほ銀行）。岩手県盛岡市本町、勧業銀行盛岡支店は、安田銀行盛岡支店と共に東京大銀行支店の双璧であった。

参考：『横山久太郎翁伝』釜石製鉄所産業報国真道会編（１９４３）／『明治時代史大辞典』吉川弘文館／『日本史辞典』角川書店

２０１５年9月12日（土）

病理学（脚気）と和歌と、三浦守治（福島県）

少し前に、「会津人柴五郎と竹橋」を紹介したが、今度は柴五郎の孫の縁で、歌集『心の花』１４００記念号（竹柏会２０１５年６月）を頂いた。１４００はすごい。

それで『歌壇風聞記』（１９３７）を見ると、〈『心の花』はどうなる〉があった。

――歌壇では一番の老舗である。主催者も二世三世でなく、はじめから佐佐木信綱であり、雑誌も改題などせぬ、はじめからの『心の花』である。会名「竹柏会」は先代弘綱（信綱の父、国文学者）の屋号竹柏園に因む……

伝統をもった雑誌で、最初の宣言にも「如何なる流派を問はず」と謂っており、今（昭和12年）でも、信綱はやっぱり「おのがじし」を口にし、中正穏健をモットウとしているわけだが、長い間には、おのづから消長変化があり……

柴五郎の孫、西原照子は祖父五郎のすすめで佐佐木信綱に和歌を学び、歌集『武蔵野』を出版している。『心の花』記念号「先輩歌人名鑑」の紹介写真に、二十数年前お会いしたときの照子さんの笑顔を思い出した。

「名鑑」には明治・大正以来の著名人、歴史好きには興味深い人物がズラリ。

例えば、上田敏・大塚楠緒子・落合直文・勝海舟・金子薫園・木下利玄・九条武子・近衛忠煕・斉藤劉・佐佐木信綱・下村海南（宏）・西村照子・長谷川時雨・村岡花子・森鷗外・柳原白蓮・与謝野鉄幹などなど。

各々人物の短い紹介と3首の歌が添えられている。その中の一人で森鷗外の同級生、三《み》浦守治《うらもりはる》に注目してみた。

三浦　守治

——（三浦守治）医学の道を歩む自己を平明にうたい、「超俗の赴き」「ますらをぶりの気迫」（信綱）、「士太夫の精神」（石川一成）などの評価を受ける（「心の花」大野道夫）。

人言は、心にかけず、荒布を、ゆかたにたちて、我ぞ着にける、
折らばやと、ひきためわたる、梅が枝を、放ちてしばし、まもりつるかな、
老いて世を、さとりがま志く、ふる吾の、昔は髭も、何もなかりき、

1857（安政4）年5月、磐城国岡村郡平沢で生まれる。父は三春藩士・村田七郎、次男。

1867（慶応3）年5月、三春善光寺住職・井上知完について学ぶ。

1869（明治2）年、三春講所に入り、熊田嘉善・山地純一・佐久間儀門などに漢籍を学ぶ。

1872（明治5）年、16歳で東京の岡鹿門[*1]の塾に入り、漢籍を専攻。

1873（明治6）年、17歳で東京医学校（大学東校）入学。森林太郎（鷗外）も入学するが、年齢不足のため1860（万延元）年生まれとしたという。（『新潮日本文学アルバム・森鷗外』）

1881（明治14）年、医学校卒業、医学士となる。三浦義純の養子となる。〈東大新医博士成績順名簿〉によると、24歳の三浦は1番、最年少19歳の鷗外は8番、ほかに鷗外の友人、賀古鶴所の名もある。

1882（明治15）年、ドイツの大学に留学、ユーリアス・コンハイムニ教授について病理学および病理解剖学を研究。次いでベルリン大学に転じドクトル・ウイルヒョーに学びドクトルの学位を得る。

1884（明治17）年、留学満期となるも私費でなお滞在、学問を続けた。この年、陸軍2等軍医森林太郎が陸軍衛生取調のためドイツ留学。二人はドイツのどこかで邂逅しただろう。

1887（明治20）年3月、ドイツで博士となり帰朝。

東京帝国大学病理学の専任教授となる。


――それまで病理学は教室もなく、ただ内科の教授が臨床科講義の際、病理総論および病理解剖を併せ教授するくらいで、病屍あれば自身で解剖し或いは助手をして解剖せしめるに過ぎなかった。三浦がするまで、外国人解剖学教授ヂッセが病理学を担任し専任教授がなかったのである。三浦は脚気病の研究に力を用い、研究結果を報告する。

当時東京医科大学の各科教授は、いずれも学識名望ともに一世に卓出し、医界における権威として尊敬せられたこと今日の比ではなかった。（『明治大正日本医学史』田中裕吉　東京医事新誌局（1927））

脚気の原因究明論争

わが国特有の国民病ともいわれた脚気。その発生と原因について今日では、ビタミンの発見など研究の結果、栄養障害説が確立している。が、以前は伝染病説、中毒説などが盛んに論議された。

海軍軍医・高木兼寛は、水兵の米食をやめ右飯食に改めた結果、脚気患者が著しく減った事実から脚気の原因を米食に帰し、栄養障害が原因だとの自説を発表。

これに反して緒方正規は脚気の原因は、小腸内に発育する特殊の細菌が酸を産生するからアルカリ性の薬剤を与えて血液の酸性を中和しなければならないと発表。

北里柴三郎は医学雑誌に緒方の脚気病原説を取るに足らないと論駁。

脚気を一種の伝染病だとする学者は緒方以外にもあって、東大内科医師ベルッも臨床的見地から脚気が瘴気性伝染病だとした。

1889（明治22）年、三浦守治東大病理学教授は、脚気における末梢神経の病理的変化および臨床的症状から推論して、中毒性疾患なりとし、さらに食料の比較統計上よりその原因を青魚中毒とした。

その後、この説は三浦の門下・佐多愛彦が北海道に出張して青魚を食べない道民も脚気に罹る者が多いことから根拠を失ってしまった。

1897（明治30）年に至るまで伝染説と中毒説が対立していた。

当時はビタミンを思いついた学者は一人もなくて、脚気がビタミンBの不足欠乏に起因すると明白になったのは大正時代に入ってからである。（『明治大正日本医学史』）

〈余談〉

柴五郎も陸軍幼年学校時代に竹橋騒動が起きたとき、現場に駆けつけその場で昏倒して2週間の入院治療。脚気で歩けなくなったのだ。

日露戦争では脚気で歩けなくなった陸軍兵士が多かったという話もある。


1891（明治24）年8月、三浦守治・森林太郎（鷗外）・北里柴三郎・中浜東一郎ら21人医学博士を授与される。

1898（明治31）年、『心の花』入会。

1916（大正5）年、歌集『移岳集』刊行。

1917（大正6）年、死去。享年59。

人となり謹直、人に接する温良恭謙いやしくも才を衒い能に誇るの風なし。而して日に其身を三省し以て行いを修むと、徳望高き所以なり。ああ当世軽薄に流れ言語に絶えざるものあり。宜しく君の修業に鑑み、自省する所なくして可ならんや。（『日本博士全伝』博文館（1892））

＊1　岡鹿門（千仞）：『けやきのブログII』（2011年5月21日）より〈幕末の大阪で塾を開いた漢学者〉を参照ください。

2015年9月19日（土）

宮城県の自由民権家、大立目謙吾

仙台藩士の戊辰戦後、明治維新、ハリストス正教

仙台藩は奥羽越列藩同盟の盟主となり新政府軍と交戦するが、利あらず降伏。藩主伊達慶邦は遠藤文七郎[*1]らを遣わして、相馬口総督府（細川の陣）に降伏を伝え、仙台城を開く。1868（慶応4）年10月15日、入城授受の式を行い「開城の上は土地人民を挙げて天朝に献じ」仙台藩は28万石に減封、名取・宮城・黒川・加美・玉造・志田の6郡支配となる。

1848（嘉永元）年、大立目謙吾《おおだつめけんご》、仙台藩士の家に生まれる。

1868（慶応4）年、戊辰戦争。20歳。

9月4日、まだ戊辰戦争のさなかに明治と改元。

1869（明治2）年、版籍奉還。

仙台藩士は家録を奉還し金禄及び授産資金の交付を申請。

これより前から、幕府軍脱兵と結んで再挙を謀ろうとする浪士が箱館に集まっていた。箱館のロシア領事館付司祭・ニコライはこうした仙台藩脱藩の浪士たちと知り合うが、未だキリスト教の布教が許されていなかった。ニコライは彼らにロシア語を教え、逆に日本語を習う。そうした一人、沢辺琢磨はいつしかニコライに心酔、ハリストス正教に入信。

折しも、仙台藩士・金成善右衛門と新井常之進は、憂国の士として名を馳せている箱館の沢辺琢磨を訪ねる。すると、沢辺が「国家の革新は人心の改造よりせざる可からず。人心の改造は宗教の改革よりせざるべからず。宗教の改革はハリストス教を以てせざるべからず」と説くので、二人は意外の感に打たれた。

しかし、ニコライに会って話を聴いて心服、仙台に戻ると正教のことやニコライのことを知人や同士に話した。これに小野荘五郎・笹川定吉・大立目謙吾らが啓蒙され、三人は未だ戊辰最後の戦い、箱館戦争の戦禍も生々しい箱館に赴く。

1870（明治3）年5月、大立目ら三人は箱館戦争で焼け出され仮住まいする沢辺の家に泊まって、ニコライにロシア語を学ぶ。

1871（明治4）年、大立目はハリストス正教に入信（洗礼名ペートル）して帰郷。県内を布教する。

1872（明治5）年、ハリストス正教はロシア人司祭ニコライと仙台藩士らの入信によって宮城県下に広まり、教徒が逮捕される弾圧事件も起きた。しかし、県下に幾つもの教会ができ、東京神田のニコライ堂建設に尽力した教徒も多い。

「五日市憲法草案」（私擬憲法）の起草者、千葉卓三郎[*2]もハリストス教徒の経歴を持つ。

仙台の自由民権運動

1877（明治10）年9月、大立目謙吾は西南戦争に出征、川辺分遣小隊長をつとめた。このとき仙台鎮台（のち第二師団）に入隊し出征したのか、応募して九州に赴いたかは不明。西南戦争には旧会津藩士など東北から多くが参戦している。

西南戦争以後、言論の力が認識され全国で言論活動がさかんになる。

1878（明治11）年10月、宮城県初の自由民権結社「鶴鳴社《かくめい》」（社長・箕浦勝人）が結成される。

鶴鳴社は、全国的な組織で国会開設運動を進めようとする愛国社との同盟可否問題をめぐり、同盟を推進する派と、独自路線を主張する派に分裂。

1879（明治12）年、大立目は鶴鳴社と分かれて独自路線を主張する「進取社」を結成、幹事・社長となり自由民権運動に参加、憲法見込案作成委員もつとめた。仙台における自由民権運動は複雑な関係となり進取社を御用党とささやく者もあった。

また、大立目は布教のかたわら同志とともに商社「広通社」を興して商業に従事。広通社は、登米郡長の半田卯内・西条佐助ら旧士族、大立目らハリストス教会信者が中心となって設立された。

蒸気船「広通丸」を用いて、米や生糸、海産物などの物資を横浜などで売買し飛躍的に成長した。軌道に乗った矢先、広通社社員の一人が米相場に手を出して失敗、商社は廃業になったが製糸場は県や地域の協力で「横山製糸会社」として生まれ変わり経営を続けた。

東北有志会・東北七州自由党

第3回愛国社大会が大阪で開かれるに先だち、河野広中は土佐に赴き立志社との緊密な連携を図るとともに、関東・北陸・東北各地を運動して回り東北の連合につとめた。

1880（明治13）年2月、仙台で東北連合会が開かれる。

東北地方の団結を図り、自由民権運動の発達にと東北有志会が組織された。

――東北七州懇談会（東北連合会）：国会開設請願につき奥羽地方にては人心大いに奮い、この頃になると国会開設は一種の流行病の如く拡がったのであるが、宮城県では仙台に進取社が設立され、檄文を発したと『近時評論』（1880年3月20日）にあったが、こえて4月28日の同紙には、仙台における政談演説ますます盛んにして、これに従事する本立・進取・鶴鳴・断金・などなどの何れも2〜300名の社員を擁し、就中、進取社のごとき既に2千名に及んでおり、近々東北を一丸とせる一大結社の計画があると報ぜられ……（朝野新聞）。

1881（明治14）年10月、自由党結成（総理・板垣退助）。国会期成同盟を中核とし、宮城県からは大立目謙吾・二宮景輔・高橋博吉が自由党名簿に名を連ねる。

3月4日、東北政社合同し仙台に東北有志大会を開く、河野広中議長。東北有志大会東北自由党と合し東北七州自由党となる。

1882（明治15）年、大立目は東北七州自由党の結成に加わる。

4月、〈日本初の県債発行計画〉（詳細後述）

12月、福島事件。福島県令三島通庸の農民の道路拡張工事強制動員に対し河野ら自由党員が反対運動を展開したことにより起きた自由党員・農民弾圧事件。

大立目謙吾、郡長歴任

1886（明治19）年、宮城県（知事・松平正直）農商務課長（勧業課長）。

1888（明治21）年4月22日、東北有志の大会が開かれたのを導火線として後藤象二郎の大同団結運動が全国を席巻、大立目もこれに呼応。

1890（明治23）年5月2日、大立目、宮城県庁より宮城郡長に転任。*3

1892（明治25）年11月4日、黒川加美郡長。

1894（明治27）年、郡制施行により初代加美郡長。

1901（明治34）年11月、本吉郡長。

1903〜1906（明治36〜39）年2月28日、遠田郡長。

1910（明治43）年、勲4等に叙される。

?年、県会議員。

1920（大正9）年9月4日、死去。享年73。

＊1　遠藤文七郎（允信）：『けやきのブログⅡ』（2015年2月21日）より〈戊辰の戦後処理、

塩竈神社宮司、遠藤允信〈宮城県〉を参照ください。

＊2　千葉卓三郎：『けやきのブログⅡ』（2011年11月1日）より〈五日市憲法草案・千葉卓三郎（宮城県）〉を参照ください。

＊3　郡長：府知事・県令（のち県知事）の監督のもと郡内に法律・命令を施行、事務を管理。郡内の町村戸長を監督、郡会議長として郡会運営を担当。俸給は地方税から支弁。

参考：『宮城郡誌』宮城郡教育会（1928）／『自由民権・憲法発布』白揚社（1939）／『函館ハリストス正教会史』／『明治時代史辞典』吉川弘文館（2012）／『宮城県の歴史散歩』山川出版社（2007）

＊＊＊＊＊＊＊＊＊＊

日本初の県債発行計画

「起業県債発行之議ヲ県会ニ付セラレサルヲ請フノ嘆願書」（明治15年1月1日）

1881（明治14）年、宮城県は野蒜港への輸送路整備を目的とする六大工事計画に着手、その工費80万円を「県債」によって集めようと考えた。

当時水陸運輸の整備が急務となっていたが、地方のあらゆる事業を国庫に頼ることはできず、かといって地方税にも限度があった。そこで同15年1月、県会議長増田繁幸が中心となり起業県債の発行を建議したのである。ところが、この時不景気の兆候が見え始めていたこともあり、県債計画が明らかになるとその是非論が沸き起こった。

同年4月、大立目謙吾ら仙台区の住民10名が連名で県令（知事）松平正直に提出したものが「起業県債発行之議ヲ県会ニ付セラレサルヲ請フノ嘆願書」である。

この嘆願書では、財政制度が進んでいるイギリスの蔵相（後に首相）グラッドストンや経済学者アダム・スミスらが公債に否定的な見解を述べていることを指摘し、さらに〝県債の六害〟をあげて県債に反対している。

県債の六害：①六大工事は急務ではない　②県債の償還に20年以上を要するが、その間に凶作や事変があるかもしれない　③県域の変更があった場合、後から宮城県に編入された者が承服しない　④米価が下がり農民が困窮している　⑤地方税やその他の出費が増えている　⑥県債発行は、県会の権限を超えている。

そして、県債発行は「我邦未曾有之事」で県民の多くはよく理解していない。そのような県民を20年にわたって「負債者」とするのは忍びないとしてこの議案を県会にかけないよう訴えている。

この後、松平県令は県民の長期にわたる負担を不安視したためか、県会にかけないことを決断、日本初となる県債発行は実施されなかった。（「宮城県公文書館だより　第10号」）

2015年9月26日（土）

釜石鉱山鉄道と岩手軽便鉄道

岩手軽便鉄道の一月（『春と修羅』）

ぴかぴかぴかぴかぴか田圃の雪がひかつている
河岸の樹がみなまつ白に凍つてゐる
うしろの河がうららかな火や氷を載せて
ぼんやり南へすべつてゐる
よう　くるみの木　胡桃の裸樹《ジュグランダー》　鏡を吊し
よう　かはやなぎ　水楊の隊列《サルックスランダー》　鏡を吊し
はんのき　赤楊の並木《アリヌスランダー》　鏡鏡鏡鏡をつるし
からまつ　落葉松の編隊《ラリクスランダー》　鏡を吊し
高貴《グランド》電柱　驃騎兵の直立《フサランダー》　鏡をつるし
さはぐるみ　澤胡桃の立棒《ジュグランダー》　鏡をつるし

桑の木　桑樹の株垣《モルスランダー》　鏡を……
ははは　汽車《こっち》がたうとうななめに列をよこぎつたので
桑の氷華はふさふさ風にひかつて落ちる

ランダー：ドイツ語で編垣、間垣の用材棒のこと。ふり仮名は各々の学名。
フサー：ドイツ語で、胸に金の飾りをつけた軽騎兵のこと。
宮沢賢治：『けやきのブログⅡ』（2014年4月19日）より〈宮沢賢治と妹トシ〉を参照ください。

釜石軽便鉄道

岩手軽便鉄道は、宮沢賢治の代表作『銀河鉄道の夜』に登場する鉄道のイメージモデルといわれる。日本で初めての軽便鉄道で、仙人峠という難所で釜石鉱山の鉄道と連絡する。

1880（明治13）年、釜石軽便鉄道、工部省鉱山局所管官営・釜石鉱山に鉱石輸送用としてイギリス輸入の資材で敷設。

釜石鉱山はもと南部藩の経営であったが明治初年いったん廃坑となり、のち盛岡の商人が再興。1874（明治7）年官営となり専用鉄道をつくり、合間に公共に供したのである。

釜石軽便鉄道には仙人峠東面の大橋駅と釜石町の西端鈴子駅間を走る4駅があった。鈴子には製鉄所があり、釜石港の桟橋まで4㎞ほどである。

1882（明治15）年3月、旅客・貨物の輸送を開始したが、間もなく炭鉱と共に廃線。車両や資材の一部は、当時官営だった三池炭鉱と、民間資本による阪堺鉄道に転用された。

岩手軽便鉄道

――岩手県は面積は広いが人口が少なく、至る処山岳重畳、深険なる峡谷、広い平野が少なく、気候寒烈なため、人口希薄で部落もまた遠隔しているので、道路を開鑿し、殊に高級の交通機関たる鉄道敷設と経営との如きは、他の地方に比しても最も困難なる状態にあるは明白である。

明治初年には北上会社を設立して北上川を利して、盛岡から石巻に通ずる漕運を開き、物資輸出入の円滑をはかった。沿海地方は、三陸汽船会社の定期航路で釜石湾を起点とし、北は宮古港から南は陸前塩釜港に至る各港間の海運に従った。岩手県民はこの陸と海、花巻・釜石間を連絡する鉄道の敷設を願っていたが実現されなかった。が、政府の鉄道政策により私設鉄道の敷設が奨励され資金が集められた。

筆頭株主は横山久太郎（釜石製鉄所長）で、宮沢賢治の母方の祖父も株主として出資するなど、株主の大半は沿線住民であった。

1911（明治44）年10月、岩手軽便鉄道会社を設立し、1915（大正4）年11月全線開通の運びとなった（大正2年『上閉伊郡誌』岩手県教育会上閉伊郡部会）。

本社は宮沢賢治と縁の深い花巻町、のちのJR東日本釜石線に相当する路線である。


1912（大正元）年9月、建設工事が両端から開始。

1913（大正2）年10月、最初の開業区間が花巻から土沢まで開通。

残りの区間の建設工事もかなり進捗していたが8月に集中豪雨で完成した線路などが流失する被害を受け、以後は部分開業を徐々に繰り返す。

1914（大正3）年4月、終点側の遠野―仙人峠が東線として開通。

さらに西線の晴山―岩根橋、東線の鱒沢―遠野が同時に延伸開業。

1915（大正4）年7月、東線の柏木平―鱒沢。

11月、最後の岩根橋―柏木平が開通して、花巻―仙人峠間が全線開通（『上閉伊郡誌』岩手県教育会上閉伊郡部会）。本社は宮沢賢治と縁の深い花巻町、のちのJR東日本釜石線に相当する路線である。こうして花巻から仙人峠までが軽便鉄道で結ばれたが、難所の仙人峠手前で終点になっていた。その先、人間は徒歩か駕籠に揺られて移動。荷物は岩手軽便鉄道が、貨物用の索道（空中ケーブル）を建設。ともかく、これにより徒歩連絡をはさみながらも花巻から釜石までの鉄道連絡ができるようになった。この索道では貨物・郵便物・新聞などが輸送された。

その後、岩手軽便鉄道の取締役・瀬川弥右衛門が貴族院議員になり、仙人峠の連絡鉄道の国鉄による建設を請願、岩手軽便鉄道の国有化の運動も始められた。加えて政界工作もあり帝国議会で花巻―釜石間の鉄道が予定線となった。

１９２９（昭和４）年建設線へ昇格、帝国議会で岩手軽便鉄道の国有化が決定。

１９３６（昭和11）年８月、国鉄釜石線となった。

２０１５年秋、ＪＲのカタログを見ていたら、〈ＳＬ銀河〉Ｃ58・２３９を復元、花巻駅～釜石間を運転、宮沢賢治の世界観や空気感、生きた時代を共有できる空間となっていますーーとあった。どうやら、鉄道は人や物を運ぶだけでなく、昔を今に運ぶらしい。

〈余談〉

「**花巻空襲の航空写真発見**」（『毎日新聞』２０１５年9月25日夕刊）

ラグビーのワールドカップ、日本の活躍から「新日鉄釜石」が思い浮かび、釜石鉱山鉄道から岩手軽便鉄道へと至り、本社があった花巻にも親しみを感じた。そうしたとき、「花巻空襲写真」の記事を目にした。長い時間をかけて築いたものが一瞬にして破壊される現場が写っている。花巻市街はむろん北上市の岩手陸軍飛行場が爆撃された。

ほかに、広島・呉港で停泊中の船艦「伊勢」、大阪・伊丹飛行場、長野・旧陸軍上田飛行場への爆撃写真もあり「体験者が少なくなる中、戦災を伝える貴重な史料」だと伝えている。

2015年10月3日（土）

大正9年の国勢調査と統計学者・杉亨二

今年2015年は国勢調査第20回、インターネットでの回答も可能となった。折しも、否応なくマイナンバーの通知が届くことになっている。何だか見えない糸で絡めとられる気分だが、孫の世代はスマホと同じく、マイナンバーも日常の当たり前になりそう。

国勢調査は1920（大正9）年10月1日、第1回調査が実施された。以後10年ごととその中間、西暦年数の下一桁が0の年に大規模調査（本調査）、5の年に簡易調査が行われている。第1回国政調査が実施された日は全国的な荒天だった。たまたま今年の調査日も、猛烈低気圧による暴風雨が全国的に吹き荒れた。

1920（大正9）年10月1日、第1回国勢調査

【総人口7698万8379人、内地人口5596万3053人、外地人口2012万5326人】

〝外地人口〟に一瞬？　そう、日本が領有していたカラフト・台湾・朝鮮のことだ。昭和になると満州・南洋が加わる。植民地を獲得して拡がりすぎた日本は遠くなったような、そうでもないような……ともかく、第一次世界大戦にも勝利し一等国を目指していた時の初国勢調査、する側される側、どんなだったろう。

国会図書館デジタルコレクションには、８００を超す国勢調査関係本や報告類、国政調査員を褒賞する写真帖・記念帖に名簿もある。調査員は地方の名士を選んだらしい。

「国勢調査に混じらぬ人は死んだお方か影法師」
「この調査に洩れては国民の恥です」

これは日本で初めて国勢調査実施にあたり宣伝に用いられた標語で、ほかに歌も作られた。

――調査の事柄は誰の前で言っても差し支えない事柄でありますから正直に正確に申し出でて貰いたい。噛んで含めるように説き廻ったが、それでも未だ十分でないので、歌を作って謡い聴かせた。その一つ、

――調査するという定日には、なるべく遠方へ旅行しないように、もしやむを得ず旅行す

るならばその旨を届けるように、その調査は旅行先でも親類でも何処でも構わず……今まで日陰者の取扱を受けて役場の帳簿に載っていなかった内縁の妻……長きは10年も15年も内縁の妻で済ませてきた人達の戸籍が、急に天下晴れての本妻に据わるという訳だ。今迄の私生児が立派に庶子と認定されたり、又は俄か拵えの結婚届が戸籍係の前に山と積まれるようになった。（『面白い日本歴史のお話』中村徳五郎　石塚松雲堂（１９２２））

（※引用文に今では使わない言葉があるが、時代を写すとしてそのまま引用。）

国勢調査は、１９０２（明治35）年すでに法律化されていたが、すぐ実施されなかったのは、日露戦争の戦費調達のため無期延期となったからである。また、「国勢調査に関する法律」が整うまで長い時間がかかったが、早くからその必要性を説いて止まなかったのが杉亨二《すぎこうじ》である。自叙伝を中心に生涯をみてみる。

杉　亨二

１８２８（文政11）年、長崎の唐人屋敷の近くで生まれる。幼名、純道。

早く両親を喪い祖父・杉敬輔がいたが貧しかった。祖父は医師で少し算術を教えてい、その弟子たちが杉の面倒をみてくれた。

天保の飢饉のときは、飢え死にする者があって子どもも心にも恐ろしかった。大阪では大塩平八郎の乱が起き、大塩は窮民を救ったと評判が高かった。その頃、公儀の時計師・上野俊之丞に預けられた。こき使われても親のない悲しさに耐えるしかなかった。

上野時計店では時計だけでなく西洋の細工物を作っていたこともあり、大阪の緒方洪庵と懇意で、緒方の弟子たちが上野家に寄寓していた。杉少年は、彼らの用足しをしてやる代わりに夜間に論語や孟子の素読をしてもらった。

やがて緒方と懇意の村田徹斉が大村（長崎県）に帰って医者をするから、手伝えば学問をさせるというので大村へついていった。

しかし、働くばかりで学問ができず4年ほどしてやめ、大阪の緒方洪庵の塾に入った。ところが学資がなく夜は町に出て按摩をするなどがんばったが脚気になり緒方塾をやめた。行き所がなく再び大村藩の村田徹斉の所に戻り手伝ううち村田が江戸詰になった。それで供をして江戸に出、いろいろツテを頼り写本、翻訳の手伝いをするなどして学資を貯めると、杉田玄白の孫・杉田成卿の塾に入った。ここでよく学ぶことができ、翻訳の力もつけた。

1853（嘉永6）年、アメリカ東インド艦隊司令長官ペリーが来航して大騒ぎ。

この後、武蔵国忍《おし》の奥平氏に仕え、月2両と家を与えられ蘭学を教授したが不快なことがあってやめ、その頃出会った勝海舟の世話になる。

杉はせっかく職についても自分の志や考えと違うと辞めてしまい新たな道を探す。勝海舟の元に行ったのも勝に会い、自分はこれこれの人間だと訴えて置いてもらえた。

他にもこうした話はあり、当時の青年は刻苦勉励よくがんばるが、それを受け入れ後進を育てる懐の深い大きい人間がいたのだ。

1860（万延元）年、幕府の蕃書調所に出仕、32歳。ここでさまざまな欧米の書籍を読み、統計書を知り驚く。そして日本にも必要であることを痛感、統計の勉強を志した。

1868（慶応4）年、徳川家は駿河に移住。幕府に出仕していた杉も静岡に移住。

1869（明治2）年、戊辰戦争終結。静岡地方で自ら街頭に出て統計調査し「政表」（統計表）をつくる。静岡では清水次郎長に開墾を勧めたり、沼津兵学校でフランス語を教えた。

1870（明治3）年7月、明治政府に出仕。「奴隷廃止・四民互いに婚姻を許すこと・土下座を廃すること」を上申。

1871（明治4）年、政表の取調を命ぜられ、翌年わが国最初の統計年鑑「辛未政表」

を編纂。

1873(明治6)年、国勢調査の必要（一つの「国」全域にわたるセンサスの実施）を上申。

1879(明治12)年、山梨県でわが国最初の近代的な人口調査を実施。

1881(明治14)年、統計院設置。杉は山梨県「甲斐国人別調」を作成。

1883(明治16)年、陸軍用地を借り共立統計学校を新築して生徒を募集、2年で廃校。

1885(明治18)年12月、統計院廃止となり統計局となり辞める。57歳。

1903(明治36)年、国勢調査準備委員会が設置され、委員となる。

1910(明治43)年5月27日、国勢調査準備委員会委員。

1913(大正2)年6月13日、国勢調査準備委員会官制廃止。

1917(大正6)年、死去。享年89。

参考：『杉亨二自叙伝』杉八郎（1918）／『国勢調査　日本社会の百年』佐藤正広　岩波現代全書（2015）／『コンサイス日本人名事典』三省堂／『近代日本総合年表』岩波書店

2015年10月10日（土）

出発点は新聞売り子・古本から星製薬創業、星一（福島県）

江戸から明治になると士農工商の身分制度が崩れ、誰にも道が開けた感があるが、やはり財産も縁故も無い者には厳しい。せめて学問知識を身につけたいと意欲はあっても貧しいと高等の専門教育は受けられない。まして留学など思いもよらない。しかし、明治青年はあきらめない。身を粉にして働き学資を得、知恵も絞って志を遂げる。その代表の一人が実業家で政治家の星一《ほしはじめ》である。

星一

1873（明治6）年12月、石城郡錦村（現いわき市）で生まれる。

家は農家で豊かでないのに父の星喜三太は政治に興味を持ち、ことさら貧しく、地域の学校を卒業するのもやっとの身だった。しかし、星はアメリカへ行きさえすれば得るところがあるに違いないとの希望を抱いた。

折しも磐城郡役所が、小学校教師を速成的に養成する必要から「授業生養成所」を設け、生徒を募集した。星も志願して半年後、優秀な成績で卒業。郡長に師範学校を薦められたが辞退。

?年、養成所で得た80円を父親に見せ、志を話し、許しを得て上京する。

1891（明治24）年、18歳で私立・東京商業学校（校長は高橋健三[*1]）入学。ここことは別に官立の高等商業学校があった。

郷里からの送金は少なく苦学のさなかであっても、星はアメリカ行きを考え、日本固有の技芸を身につけようと生け花の稽古にも通った。星の努力と周到な準備に驚くが、この先もやみくもに突き進むばかりでなく、よく考えて道をゆく。

1894（明治27）年、21歳で卒業。

父がアメリカ行きの資金にと300円送ってくれた。渡米前、日本を知るために3円50銭で古自転車、2円で東京神田の古本屋で一冊2銭3銭の本を買い集め、古外套と麦わら帽子も買って旅支度をし、残った290余円は銀行へ預けた。

星は2円だけ持って自転車で東京を出発。品川、川崎、保土ヶ谷と東海道を、古本を売りつつ旅をした。途中、自転車が壊れたので古本を背負い、木賃宿、停車場、古寺などに寝、どうにか大阪に辿りついた。

その夜、木賃宿の宿代を払ったところで貯えがつき、東京商業の校長だった高橋健三が主筆となっている大阪朝日新聞社を訪ねた。

高橋に事情を話し、朝日新聞をもらい受けて梅田の停車場へ毎日通って、もらった15部を呼び売りした。そんな星に高橋の夫人も感心して、新聞社に来る新刊紹介の読み残し300冊を与えるよう助言してくれた。星はその古本と行商品を仕入れる。

さらに大阪商船会社への紹介状をもらい、自ら交渉して船賃は船中の労働を条件に、無賃で乗船させてもらえることになった。

そのお陰で神戸から汽船で九州の東海岸から鹿児島、琉球（沖縄）、長崎、門司と行商をすることができた。無銭旅行にも等しい旅を終え東京に戻ると、次は故郷の錦村へ帰り父母に別れを告げ、いよいよアメリカへ出発。


さて、アメリカ・サンフランシスコに到着したものの一文無しの星一、日本福音会を頼って奉公口を探す。そして、いろいろな店で皿洗い・窓拭き・床掃除などして働いた。

ところが、働くだけで勉強する暇がないので、着の身着のままニューヨークへ向かう。

折しも真夏、避暑地のニューポート海岸が賑わっていたので、別荘の家僕などとして150ドル稼いだ。

その金をコロンビア大学授業料1年分として納め、経済学、統計学を学んだ。さらに、生活費を得るため日曜日だけ働ける家を探して下働きをする。まもなく、そこの主婦の信用を得て家に置いてもらえることになった。こうして学業を続けることができた。

1901（明治34）年、コロンビア大学を卒業。卒業後、すぐに帰国せず、ニューヨークで日本語の週刊新聞〈日米週報〉と、英語の月刊雑誌〈ジャパン　アンド　アメリカ〉を発行。雑誌の方はまもなく雑誌「英文週報」に合併される。日本の官庁の保護金をもらったが経営困難で、「日米週報」は帰国するとき手放した。

この間、ヨーロッパ、アフリカのアレキサンドリアやカイロにも行き、ナイル河を眺め平原の広さと河岸に木がないのに驚く。

——森林の無いということが、自然と協力をしないということになるのだ（『自国を知れ進歩と協力』星一）。また、在米中、同郷の野口英世や後藤新平と知り合い親しくなる。

1905（明治38）年、帰国。

暫く横浜のアメリカ人の仕事を手伝って生計をたてていたが、1年ほどして、ツテを求めて農商務省の嘱託となり、外国の経済調査を行った。

次に、月賦で自転車を買い深川・本庄・上野・新橋の商店を見て歩き、いろいろ分析した結果、売薬業に発展の余地を見いだす。

1906（明治39）年3月、初代韓国統監・伊藤博文に随行、京城に3ヶ月滞在。

その節、各人の住宅地に一本なり二本なりの木を植えることが必要ではないかなどとの感想を抱く。

1908（明治41）年、福島県から衆議院議員に当選（桂内閣の時代）。

東京小名木川に資本金400円で製薬所を設け、湿布薬イヒチオールを製造して成功、莫大な利益を得た。

1911（明治44）年、資本金50万円で星製薬株式会社創業。

西五反田に近代的な工場を建設、株式の公募・衛生面・福利厚生重視など新しい経営を行い、大衆に的を絞った新聞広告を掲載。宣伝文「クスリはホシ」は世間に広まった。

1921（大正10）年、台湾にキナを造林（『キナに関する座談会速記録』昭和9年於台北鉄道ホテル）。

南アメリカ原産のキナの樹皮からとれるキニーネは解熱剤で、マラリア病の特効薬。星は台湾でも事業を進め、南米ペルーに広大な薬草園をつくり、モルヒネ・コカイン・キニーネなどの製造に成功、「製薬王」といわれた。

1922（大正11）年、星製薬商業学校（現・星薬科大学）を設立。

1925（大正14）年、解剖学者・小金井良精の次女せいと結婚。

この年、阿片令違反で起訴される。台湾経営に腕を奮った後藤新平の政治資金の提供者だったこともあって、阿片令違反で逮捕された。

成功をねたむ同業者の嫉妬や政党間の争いから汚名を着せられ、2年にも及ぶ裁判で無罪となったが大きな痛手をこうむる。

1926（大正15）年、太平洋製薬設立。長男・親一（SF作家・星新一）生まれる。

1945（昭和20）年8月15日、敗戦。

星製薬は空襲で主力工場を破壊され、敗戦で海外拠点も失う。

1946（昭和21）年、衆議院議員総選挙、3回目の当選。

1947（昭和22）年、第一回参議院議員通常選挙、全国区に民主党から出馬トップ当選。

1951（昭和26）年、星製薬の再建を図っていた星だが、ペルーへの日本人移民とコカイン栽培計画のため滞在していたロサンゼルスで客死。享年78。

著書、多数あり。星製薬は長男の親一が継いだが経営は傾いていて、親一は会社を手放す。後のSF作家・星新一である。

＊1　高橋健三：明治の官僚、ジャーナリスト。のち第二次松方内閣書記官長。

参考：『民間学事典』三省堂（1997）／『裸一貫から』実業之日本社（1924）／『星一とヘンリー・フォード』京谷大助　更生閣（1924）／『愛知県壱万円以上実業家資産名鑑・大正拾壱年拾月現在』若越書院（富山県・新潟県・福岡県なども内容同じ、後半にそれぞれ各県の実業家名を掲載）

2015年10月17日（土）

気骨に富み詩才卓抜、国分青厓（宮城県）

唯だ利を射る　　青厓　国分高胤
操觚《そうこ》（文筆業者）　弊あり　幾時か除く
著述　僅かに成って　魯魚（誤植）多し
勢ふに乗じて　奸商　唯利を射る
機に投ずる猾士（ずるい男）　誉れを求めんと欲す
人情　原《もと》好む　新奇の事
世俗　争ひ伝ふ　猥褻の書
名教　更に毫末の補ひ無し
汗牛充棟　遂に如何

「唯射利」は作者、国分青厓《こくぶせいがい》が不良図書の氾濫、悪徳出版社の売らんかな主義に痛棒を加

えたもので、その意味は次である。（参照：角川『日本漢詩鑑賞辞典』猪口篤志）
――文筆の弊害はいつになったら除かれるのだろう。著述のやっとできたと見れば誤植だらけ、組成乱造品ばかりだ。というのも、時流に乗って悪徳商人はただもうけることばかり考えるし、ずる賢い男は、これを機会と著者の名誉を獲得しようとするからである。世俗は争ってエロ本を買いあさる。道徳教育などは何の足しにもならない。こうして悪書はどんどん増えて、汗牛充棟の有様となる。この成り行きを一体どうしたらよいのだ。

筆者は、漢詩・漢文ダメ、李白・杜甫、史記・三国志ぐらいしか浮かばない。ところが、明治人には普通のことらしく、旅に酒に興にのると漢詩を作った。

夏目漱石の漢詩は有名、石川啄木も白楽天をヒントに短歌を作ったこともあるという。日露戦争出征の乃木将軍、「金州城下作」は知る人ぞ知る。

また、東海散士『佳人之奇遇』挿入の詩は多くの明治青年が愛唱、物理学者の寺田寅彦も、自分も愛唱したと日記に綴っている。それほど、漢詩、漢文は昔の日本人共通の教養であった。

しかし、今は読むだけでも難しい。したがって漢詩人も知らない。でも、詩人の名と同時代の人物をあげれば、少しは時代の空気が感じられるかなと思う。

ところで『佳人之奇遇』に挿入された人気の詩は、国分青厓が代作したともいわれる。散士（柴四朗）と青厓は一緒にいた時期があり、ありそうな話だ。

二人は山東直砥（一郎）が主宰した北門社で、山東の同志・友人の横尾東作[*1]から短い期間であるが英語を教わっている。

旧会津藩士・四朗と旧仙台藩士・青厓はともに戊辰の戦に敗れた側、新しい学問を身につけ世に出たいとの願望は同じである。

物語を綴る散士の意を汲み、詩を創作し吟ずる青厓、二青年の熱い感情は想像できる。

国分　青厓

1857（安政4）年5月5日、宮城県遠田郡小塩村（田尻町小塩）で生まれる。父は仙台藩士・盛久。名は高胤、字は子美、青厓または太白山人と号す。幼名は横沢千賀之介、のち遠祖の国分姓に改める。

?年、藩校・養賢堂教授・国分平蔵に漢籍、落合直亮（落合直文の養父）に国学を学ぶ。

1876（明治9）年、上京して司法省法学校第一期生となる。

同期生に原敬、陸羯南《くがかつなん》、福本日南らがいる。

1879(明治12)年、国分は、薩摩藩出身の植村校長排斥運動の首謀者として原敬や陸羯南とともに退学させられる。

俗に言う「学校賄征伐事件」、寄宿舎の食べ物が貧弱なので学生たちがしばしば抗議。ある夜、勝手に食堂に集まってランプを灯して食べ騒いだ。

関わった生徒一同は禁足となり保証人預けとなる。保証人の父兄らは生徒に帰校するよう言ったが、生徒らは納得しなかった。その騒ぎに、原敬は参加していなかったが生徒代表として校長、ついで大木司法卿にまで陳情した。しかし、生徒側の敗北となり数人が退学、原敬も同罪で官費生から浪人生となった。

後年、首相となった原敬の邸で、放逐と廃学の仲間が原邸で会合、国分青厓も参加して近況を語り昔を懐かしんだ。

さて、退学した国分は「大阪朝野新聞」記者、やがて陸羯南の「日本」新聞に移る。

1889(明治22)年、陸羯南の「日本」に入社。

評林欄に漢詩によって時事を風刺、青厓の「評林体」の詩は一躍有名になった。評林欄の内容は、政府、政界の腐敗や退廃を攻撃して国民の不幸を訴える一方、熱烈な忠君愛国的なこともあり、ことに日清・日露戦争では好戦意識をあおりたてた。

1890（明治23）年、本多種竹、大江敬香とはかり森槐南《もりかいなん》を加えて星社を興す。詩「風雨華厳の瀑を観る歌」は副島蒼海（種臣・政治家）に激賞された。しかし、森槐南とは詩風、意見が合わず袂を分かち、一時詩壇から遠ざかる。

1894（明治27）年、日清戦争が起こると陸軍大将山縣有朋に従い、清国に7ヶ月ほど滞在。その間、家族に手紙を出さなかったばかりか、帰国しても新橋の宿・川長に一泊。翌日は銀座に出て、家族の心配をよそに日暮れにやっと帰宅という有様だった。大正に入ってから、田辺碧堂らに請われる形で詩壇に復帰する。

1923（大正12）年、大東文化学院創立と共に招かれ、教授となり漢詩文を講じる。学校は衆議院・貴族院の共賛により東京市麹町に建設。授業料の徴収は無し。卒業後、本科は漢文科中等教員無試験検定の資格、高等科は高等教員無試験検定の資格が得られた。かたわら、雅文会などさまざまな漢詩結社の指導にあたり、風雅の鼓吹につとめ、雑誌『昭和詩文』を主宰するなど精力的に活動。その詩は、「芳野懐古」などに見られるように国士的気風に富む。

「芳野懐古」は後醍醐天皇陵に参拝した折の作であるが、同様の「吉野に遊び南朝の古を懐う」といった題材は好まれ、「吉野三絶」などがある。

1933（昭和8）年、土屋久泰（大東文化学院幹事）らと中国に旅行、山海関に至り万里の長城に上がり大平原を眺望。

1937（昭和12）年、漢詩界を代表し、帝国芸術院会員に推される。

1944（昭和19）年3月5日、病で死去。88歳。

人となり、気骨に富み、詩才卓抜、作品の富める事わが国古今第一といえるが、詩集は『詩薫狐』が生前唯一のもの。没後、木下彪編集による『青厓詩存』2冊が刊行されたが、明治期の詩の多くは散逸している。

＊1　横尾東作：『けやきのブログⅡ』（2012年11月17日）より〈戊辰戦争スネルと横尾東作（仙台藩士）〉を参照ください。

参考：『明治時代史大辞典』吉川弘文館（2012）／『日南集』福本日南　東亜堂（1911）／『最新官費貸費学校入学案内』受験研究者編輯部編　白永社（1931）

2015年10月24日（土）

1900年パリ万博・金賞「老夫像」、長沼守敬（岩手県／千葉県）

2015（平成27）年、ミラノ万博で日本館が人気とか。日本の万博参加、1867（慶応3）年のパリ万国博覧会が初めてで、幕府・薩摩藩・鍋島藩がそれぞれ日本国を名乗って参加。そのとき将軍慶喜の名代で参加した徳川昭武、幕府が崩壊して急遽帰国したのである。

その万博殿様、徳川昭武が帰国した年の明治維新以後、日本は驚くばかりのスピードで西欧化、近代化を推し進め変化する。

そして、欧風化は軍事・工業ばかりでなく芸術の世界にも及び、再度開かれたパリ万国博覧会で、日本人の長沼守敬《ながぬまもりよし》が、洋風彫刻で金賞を受賞する。

1900（明治33）年、北清事変。国も海外進出、日清戦争に勝利した日本は欧米列強8カ国に仲間入り、清国北京において義和団と戦い、8カ国連合軍を勝利に導いた。

ところで、どの分野で活躍した明治人でも生まれは江戸時代、身につけた教養は昔ながらのものだ。その人々が見たこともない新奇な物に出会った時、それが器械や技術ならすぐに慣れるだろう。

しかし、文学や美術はどうか、目に映っても馴染むには時間がかかりそう。技法が分かっても作品の背景にある文化や習慣、感性の違いを知らないと心に沁みてこないかもしれない。江戸生まれの明治人は、どのように感得し作品に活かしたのだろう。まだ海外渡航者が少ない明治前期、遠くイタリアで学んだ洋風彫刻家・長沼守敬を見てみよう。

長沼　守敬

1857（安政4）年9月23日（新暦1857年11月9日）、陸奥国一関（陸中国西磐井郡一の関）藩士・長沼雄太郎の三男として生まれる。

維新当時、水戸の高橋善吉（号・美勝）、内藤耻叟《ないとうちそう》*1が難（水戸藩の内紛）を避けて一関に潜んでいた。二人は彫金（水戸彫）が巧みで、11歳の守敬は学業の余暇、朝夕二人の家を訪れては彫金するのを飽かず眺めていた。

高橋と内藤は、そんな守敬に彫金を習うよう勧めたが、まもなく二人は捕らえられて水戸へ送られてしまった。守敬は、二人が残した用具で彫金を独習する。

１８７３（明治6）年、北海道札幌農学校に入学するが、まもなく函館に移る。

１８７４（明治7）年、上京し、中村敬宇[*2]の同人社に入塾。

１８７５（明治8）年、元印刷局の御雇外国人の銅版彫刻家キヨッソーネ[*3]にイタリア語を学ぶ。また、イタリア公使フェー伯爵の援助を得て横浜港に停泊中の軍艦ウエットルピサニ号に乗りこみ、イタリア語を習得、イタリア公使館通弁（通訳）見習となった。

１８７６（明治9）年、工部省御雇外国人ラグーザ[*4]の通訳となり、彫金を研究。

１８８１（明治14）年3月、イタリア公使バルボラーニ伯爵が帰国するのに従い、イタリア留学。ベネツィア王立美術学校で新古典主義的な彫刻を学んだ。

また当地の高等商業学校日本語教授の嘱託となり学資を得ることができた。

１８８５（明治18）年、優秀な成績で卒業。

１８８７（明治20）年、イタリア美術博覧会、「海岸に於て」児童が貝を拾う等身像を出品して入選。八月、帰国。

この年、岡倉天心らの尽力で、東京美術学校（東京藝術大学美術学部）設立。

１８８８（明治21）年、東京美術学校に塑造科が開設され初代教授に就任。

我が国における洋風彫塑の普及に尽力するも、まもなく辞めて帝室博物館に入る。

1889(明治22)年、明治美術会[*5]結成に参加。

1890(明治23)年、第3回内国勧業博覧会[*6]の事務嘱託。

1891(明治24)年、陸軍砲工学校外国語教授を嘱託される。

1892(明治25)年、毛利公爵家一族の銅像模型を製作。アメリカシカゴ博覧会審査官。

1895(明治28)年、第4回内国勧業博覧会審査官。

1897(明治30)年、日本美術協会からイタリア万国博覧会への出品事務を託され渡欧、イタリア・フランス・ドイツ・オーストリアを巡歴して帰国。

1898(明治31)年、三たび東京美術学校教授となり、工部美術学校以来途絶えていた本格的な彫塑を後進に伝える。

1899(明治32)年、東京美術学校の塑像教育開始に伴い教授に就任したが、翌年辞職。

1900(明治33)年、フランスパリ万国博覧会審査官となる。「老夫」の頭像を出品して金牌を受賞。写実的で親密な作風で洋風彫刻の草分けの一人となった。

――モデルは作者の近所に住んでいた植木屋のお爺さんと伝えられる。素直な自然観察に基づく堅実で柔軟な肉付けにより、老人の顔に刻まれた皺、頭に巻いた布の質感までもが迫真的に表現されており、作者の卓越した技量が存分に発揮されている。「当館所蔵作品は東京芸術大学所蔵の原作品に基づく複製鋳造」（岩手県立美術館）

長沼守敬の作品は「岩倉具視像」「木戸孝允像」などのほかに船越男爵・鍋島侯・土方伯爵・毛利公爵・近衛公爵・水戸侯爵などで上層の人物が多いが、「老夫」は庶民である。栄華を誇る人物と庶民の老夫、作者の製作意欲はどちらに傾いていただろうか。頼まれて彫る、自由に作りたいものを彫る、そんな葛藤があったのかどうか。

1903（明治36）年、この頃の住まいは、東京市小石川区表町109番地。
1914（大正3）年、突然、彫刻界から引退。房州飯山町（千葉県館山市）に隠棲。
1936（昭和11）年、「現代美術の揺籃時代」談話を発表（高村光太郎編）。
ちなみに、高村の父・高村光雲は東京美術学校教授で、明治を代表する彫刻家。
1942（昭和17）年7月18日、死去。享年86。

守敬製作の像は戦時中の金属供出で失われたものがあるが、館山で制作された守敬自身の胸像は岩手県立博物館で常設展示されている。

長沼邸は、館山市立博物館本館近くに現存し、今なお彼の彫刻道具のほか、原敬をはじめ、森鷗外、黒田清輝、高村光太郎の手紙など、彼の交友の広さを物語る貴重な資料が東京在住の子孫に、大切に伝えられているようである。（安房文化遺産フォーラム）

＊1　内藤耻叟：明治維新後、群馬県の中学校長を経て陸軍の学校・東大・斯文会などで歴史学を講じた。教えは水戸学による尊皇史観。
＊2　中村敬宇（正直）：昌平黌教授。イギリスに留学し帰国後、「西国立志編」翻訳。福澤諭吉と並ぶ啓蒙家。
＊3　キヨッソーネ：政府の招きで来日。印刷機材を輸入、重要印刷物の製版・印刷を指導、紙幣寮で有価証券類の図案と製版に従事した。明治天皇の肖像画を描いた。
＊4　ラグーザ：政府に招かれ、工部美術学校で日本で初めて西洋彫刻法を教えたが、同校の授業中止により帰国。教え子に大熊氏広（靖国神社・大村益次郎銅像製作）がいる。洋画家・清原たまと結婚（『ラグーザお玉』木村毅）。
＊5　明治美術会：浅井忠・小山正太郎らによって創立された日本初の洋画団体。
＊6　内国勧業博覧会：殖産興業政策の一環として、内務卿・大久保利通が主唱した内国物産の品評博覧会。当初は工芸品中心であったが、のち機械類が主流となる。

参考：『明治時代史大辞典』吉川弘文館／『コンサイス日本人名辞典』三省堂／『第五回内国勧

業博覧会審査官列伝　前編』金港堂（1903）

2015年10月31日（土）

博文館私立大橋図書館、大橋佐平・大橋新太郎（新潟県）

先日、図書館好きと話をしていて、閉架と開架どっちがいいかになった。開架の本は手に取れるが、古くなると廃棄される。閉架は目につかないが資料として保存される。今は図書館に行かなくてもインターネットで蔵書検索できるようになったが、立ち読みできない。楽しい立ち読み、書店では遠慮がちにだが図書館は制限無しである。それが閉架書庫だとなおうれしい。

だいぶ前に江戸博の展示ガイドボランティアをしていたが、ガイド終了後、閉架書庫に入るのが愉しみだった。ところが、ある時からボランティアは出入り禁止になった。閉架書庫に入れるなら、今もボランティアしていたかもって思うことがある。

ところで、昔はお金がないと本を読むにも一苦労。借覧料が必要だったり、知り合いじゃない個人の蔵書は情報がなく、本の存在が分かりにくかった。明治になると公立図書館ができたが、少ない。そういう時に私立図書館を開設したのが、大橋佐平と大橋新太郎父子である。

大橋　佐平

1835（天保6）年12月、越後国古志郡（新潟県長岡市）で生まれる。材木商・渡辺又七の次男。

1860（万延元）年、上村松子と結婚。

1863（文久3）年、絶家となっていた大橋家を継ぐ。

1868（慶応4）年、明治元年、戊辰戦争。明治維新。

1869（明治2）年、新潟県に奉職。維新後、さびれてしまった長岡の復興に努力。長岡郵便局長。信濃川の渡船経営、渡船賃で少なからぬ収入があった。

1879（明治12）年、長岡出版会社を設立、『北越雑誌』を創刊。「北越新聞」（主筆・草間時福）を発行したが意見が合わず廃刊。次いで『越佐毎日新聞』を創刊したが、同17年筆禍により下獄。

1886（明治19）年、家族を連れて上京。

1887（明治20）年6月、東京本郷の自宅に出版社・博文館創業。

最初の企画『日本大家論集』を創刊。初めのうちは風呂敷に包んで方々へ売り歩いた。出版は成功し、さらに「日本之○○」と名づけた雑誌や、『婦女雑誌』『学生筆戦場』『明治文庫』など次々と出版、好評を博した。

これに経営、企画力のある新太郎が加わり博文館はますます発展する。

1893（明治26）年3月から10月まで欧米を巡遊。

アメリカではクリーブランド大統領に謁見、ワシントンの新聞『イブニングスター』が、日本国第一の書籍雑誌発行所だと紹介。佐平を、眼光鋭く、口元は締まり、一見して意志に強き人だと書き立てた。

1901（明治34）年11月3日、胃癌のため死去。享年67。

――金銭の成功は岩崎、三井に及ばずと雖も、社会に得たる利益はこれを社会に報いざるべからずと志願、図書館を設立して社会に寄与せしめたり……彼は永く日本における最も大なる寄付者の一人たるを失わざるべし。（『樗牛全集：史論及史伝』高山林次郎　博文館（1923））

大橋　新太郎

1863（文久3）年、大橋佐平の長男に生まれる。

父が創立に関与した長岡洋学校、新潟師範学校講習所で学ぶ。

1876（明治9）年、上京。中村敬宇（正直）の同人社に入る。

後年、中村敬宇翻訳『西国立志編』版権を譲り受けて刊行、廉価で売りひろめた。

1878（明治11）年、15歳。長岡に帰郷し『越佐毎日新聞』を手伝う。

1888（明治21）年、上京。博文館の経営を担当、『少年世界』『文芸倶楽部』など多種の雑誌を創刊。薄利多売、日記帳の発行により成功する。

1894（明治27）年、日清戦争。

1895（明治28）年、日清戦争後、高山樗牛を主筆に雑誌『太陽』を発刊して成功。明治時代最大の出版社となる。

1897（明治30）年、博文館印刷所を設立。

1901（明治34）年、父・佐平が死去、社長となる。

この年、父が準備していた日本初の私立図書館である大橋図書館を設立。以後、日本書籍（教科書出版会社）、東京堂（書籍取次）、博進社用紙店など一大出版王国を築く。

１９０２（明治35）年、衆議院議員選挙に出馬、鳩山和夫を抜いて第1位で当選。

１９１８（大正7）年、社長を辞し、東京瓦斯・東京電灯・第一生命・日本鋼管・王子製紙・三井信託・朝鮮興業など七十数社の重役となり「重役業者」と呼ばれた。

１９２１（大正10）年、英米訪問実業団を組織し欧米各国を巡遊、視察。

１９２３（大正12）年9月1日、関東大震災。自邸・図書館も焼失したが、再興する。

１９２６（大正15）年～１９４４（昭和19）年、貴族院議員。

１９４４（昭和19）年5月5日、死去。享年82。

明治中期から大正にかけて博文館の名声は隆々たるものであったが、重役業に転向したせいか博文館は不振となり、野間清治の講談社が頭角を現して来、多年発してきた雑誌は一つ一つ廃刊となっていった。

尾崎紅葉『金色夜叉』の金貸し富山のモデルといわれるのは、ケチン坊という世評のせいなのだろうか。巨資を投じて図書館を建設したり慶應義塾のために広大な野球場を建設して寄付したりしているが、自分と縁のない方面にはしなかったからか。エピソードが豊富な人物で、将棋好きで誰彼となく指しては夢中になっていたなどもある。

大橋図書館

1901（明治34）年1月、大橋佐平は、博文館創立15周年を記念し念願の「内外古今の図書を蒐集し広く世人に閲覧せしめ公衆の便益に供する」ため私立図書館の設立を具体化。

早くから和漢洋の書籍を集め、館の経営を石黒忠悳（陸軍軍医制度・軍事衛生施設を確立）・上田万年（言語学者・作家円地文子は娘）・田中稲城（帝国図書館長）に委嘱し麹町の自邸敷地内に図書館を起工したが、間もなく死去。

1902（明治35）年、父の跡を継いだ新太郎が図書館を創立。6月、閲覧を開始。以後、大橋家、坪谷善四郎、博文館関係者、安田善次郎（実業家）を中心として館の充実を図った。

1911（明治44）年、館外貸出。翌年からは夜間開館も実施。

1917（大正6）年、第二代館長・坪谷善四郎。毎日の閲覧者は400人にもなった。

1923（大正12）年9月1日、関東大震災。

大橋図書館は本館建物と蔵書88，300余冊が灰燼に帰してしまった。

その後、全国から図書の寄贈や寄付を受け、九段下飯田町に新改築。閲覧者も増え書庫も増築、やがて全国一の私立公衆図書館に発展。

1945（昭和20）年、敗戦。なお、戦争中、被災しなかった。

1949（昭和24）年、館の建物は譲渡され、同28年解散。

1957（昭和32）年、大橋図書館の蔵書は、港区芝公園の三康図書館に引き継がれる。

参考：『明治時代史大辞典』吉川弘文館／『コンサイス学習人名事典』三省堂／近代デジタルライブラリー(http://kindai.ndl.go.jp/) より以下――『流芳後世：長岡の人々』長岡市（1942)、『四十五年記者生活』松井公吉　博文館（1929)、『財界巨星二十人伝』人物評論社（1937）

2015年11月7日（土）

学術技量、詩文にすぐれた兄弟、大竹多気と松田甲（福島県）

ときにコメントを寄せてくださる方があり励みになっている。その方々も、幕末・明治からこっちを自ら調べているかも知れない。近代の史資料には刊行されたものも多く、また明治・大正時代の書籍や雑誌、新聞も探せばけっこうある。といっても、なかなか欲しい情報には辿りつけない。

しかしそれでも、資料漁りは意外にも無駄にならない。目的の人物・事物でなくも興味深い人物、事蹟に出会えるときがあるからだ。いい学校・いい会社コース途上の人は別にして、好きで興味の赴くまま調べている者は、好きなだけ寄り道できる。

ところで、明治維新後、会津人が勉学するのは容易ではなかった。賊軍とされた側にとって学問知識は生きる術、処世に必須だ。食うに事欠いても励まなければならない。

その奮闘努力のさなか、もし兄弟がいれば励ましあえるだろう。会津の兄弟は山川浩・山川健次郎、柴四朗（東海散士）・柴五郎が有名だが、大竹多気《たけ》・松田甲《こう》（学鷗）兄弟も活躍した。そして、兄弟ともに詩文をよくした。

大竹　多気

1862（文久2）年10月7日、藩のエゾ地支配により一家で北海道に赴任中、現在の北斗市で生まれる。父は会津藩士・松田俊蔵。

多気は同じ会津藩士・大竹作右衛門の養子になる。養父は斗南藩[*1]会計係をつとめ、のち事業をし失敗するが、やがて回漕業で成功する。

1873（明治6）年、上京。

久留米藩主が創った有馬私学校に入る。同級生に内村鑑三。

1874（明治7）年、攻玉社（近藤真琴）、次いで工部寮小学部入学。

攻玉社には弟の松田甲、会津藩主の子・松平容大も入る。主宰の近藤真琴[*2]とは卒業後も交流を続ける。

1877（明治10）年4月、工部大学校入学、機械工学を学び明治16年卒業。

この当時は病気がちで英語の本を読み、雑誌『少年園』へ寄稿などしていた。

1883（明治16）年5月、千住製絨所[*3]の雇員。

1885（明治18）年、製絨所を管轄する農商務省からイギリスに派遣される。留学の目的は、染色法・機織法などの研究と機械類の買い付けであった。ヨークシャー大学ハンメル教授に、科学及び色染技術を学んだ。大竹はそれらを学問的に学んだ最初の日本人といわれる。

1889（明治22）年、帰国。日本の機織および色染の両方面を開拓した。当時の日本の染色技術は天然染料を主流としていたため、色落ちの問題を抱えていた。生糸生産国でありながら付加価値のある製品を輸出できなかったのである。そこで、大竹は学問的知識がなくても利用できる染料の分類方法を紹介、合成染料を導入し発展に寄与した。

1900（明治33）年、千住製絨所の技師に昇進。東京帝大や東京工業高等学校講師をつとめた。

1901（明治34）年、工学博士の学位を授与される。

1902（明治35）年4月、千住製絨所長。『自動織機』を著し、開発に影響を与えた。

1908（明治41）年、官制変更により工務長に降格。

1910（明治43）年6月、東北帝国大学教授兼特許局技師兼米沢高等工業学校（現・山形大学工学部）の事務取扱を命ぜられる。

この年、会津若松城を訪れ、和歌を詠む。

そのかみの　うらみも深く　紅のちしほ染め出す　城のもみぢ葉

1911（明治44）年、米沢高等工業学校長兼特許局技師となる。大竹を初代校長に推挙したのは、米沢出身で農商務大臣の経験がある平田東助。*4 米沢高工の図書館開設の際、大竹は蔵書、雑誌を多数寄贈した。


1914（大正3）年6月、第八高等工業学校（桐生高等染織学校）の創立準備委員。

1916（大正5）年1月、初代校長。同校は群馬大学理工学部の前身で、大竹は最初の入学生34名を前に「艱難汝を璧にす」の言葉を贈り、覚悟を促した。

1918（大正7）年7月、在職中、病のため自宅で死去。


――（未だ56歳）36カ年の久しき、本邦染織工業並びに染織工業教育のために尽瘁された功績は偉大であった。日本の織物を学問的に研究した元祖であるが、先生は「メカ」の人にして同時に科学及び色染の人であったのです……　先生は趣味として文学を愛せられ、詩に、和歌に、名文に於いてその道の士に認められた。先生、今や無し、月日は流れて十

年、青山墓地にあぁ!!（「故工學博士大竹多氣先生」桐生高等工業学校色染会）。

松田　甲（学鴎）

1864（元治元）年7月7日、生まれる。

1868（明治元）年、戊辰の敗戦で、多くの会津藩士とともに一家で下北半島の斗南に移住、次いで北海道に渡るも困難な生活が続いた。

1878（明治11）年、兄の大竹多気のいる東京へ。

1879（明治12）年、近藤真琴の攻玉社に入り測量学を学ぶ。攻玉社の友人に日露戦争に出征し旅順港の閉塞作戦で戦死した広瀬武夫[*5]がいる。

1882（明治15）年、参謀本部の測量技師となり日清・日露戦争に従軍。おそらく、同じ参謀本部に属し清国差遣となった砲兵中尉の柴五郎と会津人同士、話をしただろう。

1890（明治23）年、漢詩結社「星社」に加わる。

星社主宰の森槐南は常識あり政治力もある能吏。伊藤博文の殊遇を受けていたから良く言わない者、敵も多かったが、詩人としてすぐれていた詩壇の巨星。

松田は、少年の頃から漢詩の心得はあったが、職業柄各地の山川に触れるうちに詩情を動かされ熱中するようになった。

1897（明治30）年代、この頃複数の詩会に出入り、また『百花欄』などの漢詩雑誌に絶えず詩を寄せ、漢詩人としての地歩を固めた。

1906（明治39）年日露戦争後、臨時測量部の測量主任。台湾・朝鮮・満州などを踏査。

1908（明治41）年、南清方面、翌年は蒙古方面に派遣されて実測に従った。

1911（明治44）年、参謀本部を退き、朝鮮総督府臨時土地調査局監査官となる。

1918（大正7）年4月、朝鮮総督府臨時土地調査局が解散となり、請われて朝鮮総督府逓信局の吏員養成所に迎えられた。

7月、兄の大竹多気が死去。一時帰国し葬儀に出席、青山墓地に参ったろう。

1919（大正8）年、斎藤実*6・朝鮮総督が京城に赴任。

松田は斉藤の殊遇をうけ、いくつかの漢詩社の創設に関わり、自らも漢襟社を始めて後進の指導にあたった。朝鮮総督府吏員養成所では、修身・国語を教えた。

1923（大正12）年、退官後も総督府嘱託となって文書課に勤務。

この頃から、日鮮文化交流史に著述を始め、日本と朝鮮の融和に尽くす。

1933（昭和8）年、古稀を迎え退職。

これまで続けてきた著述に精を傾けて過ごす。松田は、漢詩の他に和歌・俳句を嗜み書もできた。その著作、筆者に漢詩文は読めず『皆夢軒詩鈔』は無理なので、『日鮮詩話』を開くと、第一編の始まりは、日鮮共栄〔徳川時代の朝鮮通信使〕。

先だってのニュース、日韓の人々が自転車で通信使の行程を辿るというのがあった。互いを知ることが融和の始まり。

1945（昭和20）年7月17日、終戦目前に死去。81歳。

松田の死後、長く勤務した参謀本部は廃止となり、同じ参謀本部に属した会津人柴五郎も敗戦4ヶ月後に没している。こうしてみると、松田甲・柴五郎、二人とも物心ついたときは戊辰戦争、それから日清・日露と幾つもの戦争があった。そして、太平洋戦争敗戦。それから70年、戦争がなかった。この平和がいつまでも続きますように。

＊1　斗南藩：戊辰戦争後、会津藩23万石は陸奥3郡を中心に3万石に移封となる。

＊2　近藤真琴：旧鳥羽藩士。蘭学により測量・航海術を修得、幕府海軍操練所翻訳方・測量

学教授の補助をつとめた。
＊3　千住製絨所：明治政府が設立した官営模範事業。毛織物の振興と羅紗製軍服生産のため明治12年東京足立区千住に建設、のち一般の需要に応じたが経営は赤字だった。
＊4　平田東助：『けやきのブログⅡ』（2015年5月30日）より〈時勢は妙なもの、ドイツ仕込み平田東助（山形県）〉を参照ください。
＊5　広瀬武夫：海軍中佐。ロシア駐在武官。死後、軍神として慕われた。
＊6　斎藤実：『けやきのブログⅡ』（2012年2月24日）より〈2・26事件、斎藤実（岩手県水沢）〉を参照ください。

参考：Wikipediaフリー百科事典「大竹多気」／『明治文学全集・第62巻』筑摩書房（1983）／『色染叢書・第11号』桐生高等工業学校色染会編（1927）／『日鮮詩話・第一編』朝鮮総督府（1927）

2015年11月14日（土）

明治の弁護士・特許弁理士、岩崎惣十郎&高橋順平（宮城県）

〝死ぬまで「気仙沼の弁護士」〟

――宮城県気仙沼市に、裁判官として赴任経験のある弁護士が今春、骨をうずめる覚悟で移住してきた。仙台弁護士会の原田卓《たかし》さん。「新人の気持ちで、街を歩き、問題を掘り起こしていきたい」と意欲を燃やす。（『毎日新聞』希望新聞2015年10月16日）

前出、東京出身の弁護士さんの記事に心打たれた。

東日本大震災に加えて原発事故に遭った大熊町のように、遠く離れた地に避難しないでも故郷に住めても、大震災から4年半もたつのに、復興未だし。そして冬を迎える。

でも気概のある弁護士さんが移り住んだ気仙沼はいくらか寒さが和らぎそう。

百年ほど前の『気仙沼案内』を開くと、気仙沼が早くから栄えていた様子が偲ばれる。

そこに郷土の大文学者・歌人の落合直文の歌が載っている。

遺つ祖のいさを思へは剣大刀　刃のかけたるもうれしかりけり
此の秋のみのり如何にと夜も尚　夢に門田の畦めぐるらむ

そして「案内」には気仙沼の弁護士事務所も掲載されている。
(三日町)　石森弁護士事務所　石森多利之丞
(八日町)　佐々木弁護士出張事務所　仙台・佐々木幸助
ただ、名前が分かったが他の資料が見つからず、仙台の弁護士を探すことにした。明治生まれの宮城県出身弁護士といえば布施辰治[*1]が有名だが、今回は岩崎惣十郎と高橋順平にした。二人とも、筆者がイメージする弁護士像と少し異なるが、その経歴から明治の殖産興業の世が察せられるようで取り上げてみた。

岩崎　惣十郎

1860(万延元)年2月5日、青葉城頭の広瀬川の畔、岩崎家に生まれる。

1877(明治10)年、祖父・岩崎清が隠居し家督を継ぐ。

藩校・麟経堂に入る。また藩儒・岡鹿門(千仞)について漢学を修めたのち、上京。

1881(明治14)年、専修学校を卒業し明治法律学校(明治大学)入学、経済・法律を学ぶ。

1882（明治15）年、判検事試験に及第。判事補に任ぜられ大阪裁判所に赴任。

?年、裁判所を辞任、弁護士となる。

1899（明治32）年、奥村靖一と共に発起人となり明治大学校友会・宮城県支部を設立。

1908（明治41）年、「日本弁護士名簿」によれば、仙台市地方裁判所所属弁護士は43人。岩崎惣十郎・仙台市片平町60番地・電話446。

1912（明治45）年、総選挙に仙台市から立候補、当選。

1917（大正6）年、再び仙台市から立候補、当選。

肩書：衆議院議員・塩水港精糖株式会社・七十七銀行・仙台瓦斯株式会社・大崎水電株式会社の監査役。弁護士。
――君は東北弁護士会、また東北政界の一雄将なり。いわんや攻法の余暇をぬすみ、今や実業に腐心して現に諸会社に関係し進んで東北振興を以て当面の急事なりと警醒しつつあるをや。君の如きは孰れの方面よりするも六県七州の代表的人物として推重せざるべからず。（『大正人名辞典』東洋新報社（1918））

高橋　順平

1872（明治5）年5月29日、宮城県遠田郡田尻町の高橋弥蔵の次男に生まれる。

1893（明治26）年、上京。大日本水産会社の水産講習所に入り、明治29年卒業。

1896（明治29）年、日本法律学校に入学し法律経済学を学ぶ。

1899（明治32）年6月、弁護士試験に合格、弁護士事務所を開設。

水産上の事件に関係し名を得る。

この年、特許・意匠または商標に関する特許代理業者が公認された（登録138名の殆どが弁護士、工学士など技術者は少数）。

1903（明治36）年8月6日、特許弁理士登録：東京市神田区錦町1丁目1番地。

1906（明治39）年、金華山漁業株式会社を設立。


――金華山沖は本邦において著名の鯨族群来の処なるにより、近年捕鯨会社の創立多く、事務所を宮城県塩竈町に置けり。図は所有のアメリカ式捕鯨船金華山丸にして346屯余、明治40年5月進水、本年6月より捕鯨に従事し成績良好なり。（『東宮行啓記念宮城県写真帖』宮城県（1908））

1908（明治41）年5月、帆船海上保険株式会社を創立。

海獣（ラッコ・オットセイ）の捕獲事業に着手。

1909（明治42）年、特許代理業者は特許弁理士となり、のち「弁理士」に改称。

1925（大正14）年、高橋順平、京橋区北槙町14、電話・銀座4743（日本弁護士名簿）。

――金華山漁業株式会社を設立し推されて之が取締役と為り、経営宜しきを得て今日の隆盛を見るに至れり……吾人は由来消極的なる法曹界より君の如き積極的事業家の出でたるを快として措かざるなり。（『大正人名辞典』東洋新報社（1918））

〈余談〉

引用の漢字「海獣」が読めず（該当する漢字が見当たらず）〝ラッコ〟〝オットセイ〟と分かるまで苦労（?）した。それにしても、あの愛らしいラッコや大きなオットセイを捕獲していたとは……。

『気仙沼案内』（小山源蔵編　富田本店（1911））に掲載の落合直文の歌は、「案内」発行元の富田家幅からとある。それから11年後、内容一新『新気仙沼案内』が写真入りで上武川商店から発行されている。何がどうと言うのではないが、どちらも商店から発行されているのが面白い。大震災の被害から復興に励む市民の方たち、昔懐かしいものに出会うかも。2冊とも国会図書館デジタルコレクションで読める。

＊1　布施辰治：『けやきのブログⅡ』（2014年2月8日）より〈生くべくんば民衆と共に、布施辰治（宮城県）〉を参照ください。

2015年11月21日（土）

『横浜新誌』『伊賀国名勝図』編著、川井景一（岩手県）

近頃外国からの観光客が増えて、有名観光地より日本人でも詳しくない地方や施設を見学するらしい。今はネット社会だから来日前に、いろいろ目星を付けやすそう。そうした中で忍者も人気らしい。

忍者といえば伊賀、たまたま『伊賀史の研究三十年』という本をみつけ目次を見ると、『横浜新誌』の著者についてが出ていた。伊賀と横浜、どんな関係がと思ったら『横浜新誌』著者が伊賀の地誌を出版していたのだ。その本は『伊州故事考』『伊賀国名勝図』、著者は東京府平民・川井景一である。

ところで、川井景一は他の著作には岩手県平民とあり、明治後半は東京府士族としている。岩手県から上京、仕事や著作をしていたようだ。難しい文章を書き漢詩もできるのに経歴が分からない。岩手県のどこで生まれ誰に学問を教わったのか、なぜ地誌に興味を抱いたかも分からない。著作しか手がかりがないが気になって、分かる範囲で取り上げてみた。

川井　景一

岩手県平民とあるので岩手県出身と考えられるが、岩手の何処でいつ生まれたか分からない。号は、杜陵迂人。

晩年は浅草観音境内で、当時流行の「早取り写真師」として生活していたという。動物写真帖を出版している。

1876（明治9）年5月、『関東八州地誌略・相模の部』岩手県平民・川井景一編。

6月、『続・神奈川県地誌略』川井景一著。版権免許[*1]、神奈川県平民池田真七・高梨栄蔵。

8月、『神奈川県地誌略』編輯・製本所（神奈川県御用金港堂・原亮策）。

1877（明治10）年、『小学作文捷径』上下巻、著。

3月、『横浜新誌』初編を刊行。

当時評判の服部誠一の『東京繁昌記』の例にならった文明開化の横浜の風物誌である。

開港後の横浜風俗の一端を写して興味深い冊子というが、作者については知られてない。

題字は、幕末・明治期の漢詩人、大沼沈山が寄せている。著作に著名人の名があるのは、この『横浜新誌』のみで、著者川井景一については分からないが、諸処方々へ赴き、ただの見物記ではない詳しい地誌を記した人物として興味深い。

なお、『明治文化全集・風続編』（日本評論社）に採録されており、挿絵と文章で開港地横浜の賑わいが偲ばれる。

5月、『浅草新誌』初編。岩手県平民、東京の住所・東京第五区十一小区馬道街七丁目十番地。売れなかったのか続編は見当たらない。

6月、『成田繁昌記』成田山新勝寺などいろいろ文章と絵で紹介している。数頁にわたる付録の〔明治五年七月東京深川ニ於テ開帳奉納金講名表〕が興味深い。

——金五百円フカガワ内陣御畳講中・網屋平八……から始まり、お終いは金二円五十銭・ホンジョ柳原四丁目講中。

8月『安房地誌略』『上総地誌略』川井景一編。

1879（明治12）年6月、『房総地誌提要：小学諳記』岡本運広編・川井景一閲正・三省社発行。38頁足らずの和本、地図付で文字も読みやすく、小学校テキストらしい。

ちなみに、奥付によれば編者の岡本運広は群馬県士族。

1887（明治20）年8月、内務省地誌課に奉職、地誌取調となり用務を帯びて三重県に出張。伊賀上野・津、両地に数年滞在したらしい。

当時、40歳くらいらしいが、そうだとすれば幕末の弘化・嘉永はじめ生まれになる。

伊賀の村名は分からないが戸長役場で川井に面会した小学校教員がいたと「伊賀史の研究三十年」（伊賀史談会1937）著者の佐々木弥四郎が記しているが、詳しいことは分からない。

1888（明治21）年7月、公務の余暇に、『三国地誌』伊賀の部、また伊賀風土記・伊賀史・准后伊賀記・伊賀政事録・伊賀名勝記・十楽庵記の6書を集め、増訂『伊山故事考』を出版。年末に伊賀を去って津に赴き1年くらいいたらしい。

なお、『伊山故事考』に収めた6書は徳川時代の偽作のようだが、当時は正真正銘の地誌材料と信じられていたという。

川井は、伊賀を去るおり『伊賀国名勝図』を発行。名所旧跡の実景を図に写し、付録に伊賀滞在中に親しくなった学者文人から贈られた詩歌を掲載。

1891（明治24）年2月『大和国町村誌集』全8巻、川井景一選編述。奈良県知事小牧昌業・題字。東京府平民・奈良県添上郡奈良町大字西城戸10番地寄留。11月『奈良県名勝志』川井景一（同奈良県）版権所有・川井希世。

1895（明治28）年7月、『和州社寺大観』編輯兼発行。奈良町大字高畑242番地

1897（明治30）年4月、『動物写真帖』川井竹・編輯発行。発行所・川井景一（東京市浅草区北清島町108番地）

1898（明治31）年9月『西洋美術資料』第一編〜第六編。

1906（明治39）年（明治29・30・31・35・39年）、『国宝帖：美術写真』東京府士族・川井景一編集発行。

1912（明治45）年7月『十二月帖』田中蓬煙筆・川井景一著作発行。

1913（大正2）年『十六羅漢』東京府士族　著作兼発行者　川井景一（東京下谷区入谷町90番地）印刷人・川井徳蔵（同町同番地）

この年の年齢を推測すると66歳くらいになる。

川井景一の地誌は記された地域に残り、国会図書館デジタルコレクションで読めるのに、本人の生年月日や出生地などの記録が見つからない。事蹟があるのに分からないことばかり、〈歴史上の出来事も記録がなければ無かったことになる〉はさびしい。

＊1　版権免許：明治政府は官許のない出版を禁じ1869（明治2）年、出版条例を制定。事前許可・納本義務・版権保護・出版禁止事項などを定めた。出版の届け出先は太政官から文部省へ、次いで内務省に移ると自由民権運動を警戒し罰則が厳格化する。

2015年11月28日（土）

明治の西洋木版・東京美術学校フランス語教師、合田清

世の中には大小さまざまな催し物があり、審査をして表彰する類もある。スポーツのように優劣が見えにくい文化・芸術分野では審査がいるかも知れない。

先だっては、一旦決まった2020年の東京オリンピックのエンブレムが取り消されたばかりか、不名誉は審査委員にも及んだ。いろいろよくなかったと思うが、仕組みにも問題があったのではないか。公平なやり方で良い作品・立派な人を選び出すのは難しい。そのためには技能に加え、心ある審査員が欠かせないと思う。

明治期も国内外で博覧会が催され、審査官が選ばれた。全国勧業博覧会には「審査官列伝」などというものがある。

その列伝中、合田清《ごうだきよし》に目がいった。実は、明治期の印刷業に関して「合田清の西洋木版が活版印刷の挿絵に利用された」を読んだばかりだったから。そしてその時、昔の本は、絵や写真のページが独立していたのを思い出し、それは印刷が別々だったからと気付いた。

絵と活字のページは製本のさい挟み込んでいたのだろう。今はこんなブログでさえ文字と写真を並べるのは簡単、技術の進歩はすごい。ただ、表現が技術の進歩に追いついているのかどうか。

合田　清

1862（文久2）年5月7日、江戸赤坂で生まれる。父は幕府の旗本田島氏。幼い頃から物事に綿密で何事にも熱心だった。

1880（明治13）年、儒家・合田錦園の家に入り和漢学を修める。ところが、明治の世となり新しい事に目が向くと、儒学で一家をなすには数年の修学では目的を達せられないと学問に熱が入らなくなった。それより世に求められるような業務につきたいと考えた。

その折しも実兄・田島應親がフランス公使館付きとなり渡仏することになった。清は兄に自分もフランスに行きたいと相談、すると兄も喜んでくれた。

5月、兄とともにフランス留学のため横浜を出航。

留学の名目は農学研究だったらしい。資料によっては農学研究に留学したが、美術の道に進んだとある。ともあれ、清はパリでフランス語を学んだ。言葉ができなければ教えが理解できない。やがて日常会話に不自由がなくなるとベルサイユに移り、さらに語学と美術を学んだ。

1881(明治14)年4月、パリに戻り、「吾が生涯の業は何を営まん」あれこれ思い巡らす。

「巴里は世界第一の華美を好める地にしてヨーロッパ全州の流行はこのパリより及ぶと言える程なれば事に美術品を尊べり……必ず美術の中に何か得意の技を学ばん」。

そして写真木版の技に心を留め学びたいと考え、兄と同宿の留学生で画家・山本芳翠にも相談した。山本は清の決心を聞くと、当時パリで評判の「バルバン工房」彫刻学校で小口木版(木版彫刻)を学ぶよう薦めた。

山本芳翠は美濃(岐阜県)の人。洋画家ではじめ京都で南画を修業、のち工部美術学校に入学しフォンタネージの指導を受けフランスに留学していた。

パリでジェロームに師事するかたわら、ルーブル美術館に通って模写に打ち込むなどして、フランスに3年いて帰国。のち、日本で合田清とともに彫刻の工房を立ち上げる。

さて、清は山本に薦められたバルバンに弟子入りして技を習う一方、画学専門夜学校主のバーニスについて絵を習った。なお、フランス語をアルカンボーに学んだ。

1885(明治18)年5月、パリで開かれた美術展覧会に木版画を出品して認められる。

作品は画家モンバールが描いた景色の密画を彫刻したもの。

10月、ベルギー・アンヴェルス万国博覧会を見学し暫く当地に留まり美術を研究して12月パリに戻る。

1886(明治19)年2月、バルバン工房を卒業。

ある日、著名な彫刻師チリャの作品を目にして「稀なる彫刻かな、上には上がある」と感嘆、その刀風を慕いついにチリャの工房に入り通学する。その合間に、他の彫刻家の工房や彫り方を見学して歩いた。

3月、日本の文部省から、上野の教育博物館に陳列するため、西洋木版の順序を示す図画を彫刻し、またその技術に用いる諸機械を購入するよう命令があり、清はそれらを取り纏めて日本に送った。

5月、木版画をパリの美術展覧会に出品、前回に勝る賞賛を受けた。作品は画家・エミル・アダムの農夫が家に帰る図を彫刻したもの。

1887(明治20)年4月、チリャのもとを辞す。

5月、パリ「モンド・イリュストレー新聞社」から日本特別通信員を嘱託され挿絵彫刻者となる。清は日本ではまだこの技術を得た者は一人もいないから帰朝してこの技術を広めたく思い帰国する。

7月、帰国後、文部省の嘱託を受けて高等読本・教科書の挿絵彫刻に従事。

1888（明治21）年3月、芝区桜田本郷町14番地に山本芳翠と木版彫刻所を開く。「生巧館」と称し、小口彫（西洋木版彫刻）を教え、かたわら彫刻の依頼に応じた。開業すぐから盛況で、徒弟も20人余り。

「絵入朝野新聞」の挿絵は清の彫刻。黄楊《つげ》の小口に彫刻する西洋木版が活版の挿絵に利用されたのである。

1890（明治23）年4月、生巧館を赤坂溜池に移す。

1896（明治29）年、東京美術学校（東京藝術大学美術学部）フランス語講師。

1899（明治32）年8月、臨時博覧会鑑査官となる。

12月、東京美術学校教授を辞す。

1900（明治33）年2月、パリ万国博覧会出品連合協会委員としてフランスに渡航、教育部主任として監督した。なお、博覧会には自分も木版画を出品した。

1901（明治34）年3月、フランスから帰国。再び、東京美術学校フランス語教授。

1903（明治36）年、第5回内国勧業博覧会審査官。

当時の住所・東京市麹町区平河町6丁目14番地。

1906（明治39）年、山本芳翠は死去。

合田清と法律研究のためパリ留学中だった黒田清輝（明治・大正期の洋画家）の美術への転向は山本の示唆によるといわれる。

山本の後進育成、洋画界の振興に尽くした功績は大きい。

1938（昭和13）年、死去。享年76。


合田清の西洋木版に次いで網目写真版が用いられ、製版の容易さと写実性で画像印刷と速報性を両立させ、日清戦争報道での印刷の盛行をもたらした。

それから120年余、技術の進歩と情報量はものすごいことになって、今まさに情報の海。

参考：『日本豪傑伝・実業立志』篠田正作　偉業館（1892）／『第五回内国勧業博覧会審査官列伝・前編』金港堂（1903）／『明治時代史大辞典』吉川弘文館（2012）／『コンサイス日本人名事典』三省堂（1993）

2015年12月5日（土）

ルビ付記者の活躍、磯村春子（福島県相馬）

〈華やかな着物姿のアメリカ太平洋艦隊―艦長・将校夫人たち14人と日本女性一人〉

1908（明治41）年9月26日東京の三越呉服店撮影の写真が、横浜開港資料館〈館報「開港のひろば」102号展示余話〉に掲載されている。

その日本女性は新聞記者の磯村春子、展示余話に春子と子どもの写真もある。

明治41年といえば、日露戦争勝利から3年の男社会、女性が表舞台に登場しただけで騒がれるような世である。その状況で8人の子を産み育て記者を10年もつとめたというから頭が下がる。

筆者は知らなかったがNHKドラマ1986年「はね駒」のモデル女性という。生涯を垣間見られる面白いドラマだったにちがいない。

磯村　春子

1877（明治10）年、福島県相馬郡中村町（相馬市）生まれ。小泉伊助とカツの長女。

?年、宮城女学校（キリスト教主義の女子教育機関・宮城学院）に入学、寄宿舎生活をおくる。卒業後、母校で教鞭をとった。

?年、実業家磯村源透と結婚、そして上京。

東京女子大学英文科で学び、女子英学塾（津田塾大学）の津田梅子にも師事した。

1903（明治36）年、長男英一生まれる。


1905（明治38）年、報知新聞に入社、記者になる。

同社には、のち日本最初の婦人記者といわれる羽仁もと子が校正係として入社していた。春子の初仕事は、横浜港外に停泊の汽船の甲板上でイギリスから帰国した林董夫人のインタビュー。

――交際界に名だたる大使夫人の帰朝とて、少なからず心おくれしたが、勇を鼓して先ず刺（名刺）を通じた。然るに何事ぞ、受付は夫人へは伝えもせずにちょうど物貰《ものもらい》でもあるやうに、追い帰そうとするのではありませんか。

私は、この時夢から醒めたやうな気がした。と同時に、新聞記者といふ職業を、初めて覚つたのである。世間から継子扱ひされる異分子ではない筈だ。どの集まりへも、入る事が出来て、同じ楽しみを擅《ほしいまま》にする事が出来ると共に、それを指導し、それを拡大し、並びにそれに光輝あらしめ得るのであると切に思われた。

1908（明治41）年、春子は英語が堪能であったから外国人との接触が多かった。艦隊が横浜に到着した当日、旗艦コネチカットでスペリー司令長官と握手したこと、艦隊に同行するニューヨーク・サン紙記者との交流、旗艦ルイジアナ号を訪問し、水兵たちと歓談したなど。それらを「婦人記者の十年」で回想している。

取材先にしばしば子どもを連れていき、当時の新聞はルビ付[*1]だったので、「子連れ」をもじって「ルビ付記者」と呼ばれた。家には女中がいたようだが、連れて行かなければならないときもあったのだろう。何があろうと子どもを放っておけない。

1910（明治43）年9月8日、山田猪三郎[*2]が開発した日本製飛行船の浮揚実験に同乗。――婦人の新聞記者で大立者と謂つぱ、先づ指を報知新聞の磯村春子夫人に屈すべく、次では時事新報の大沢豊子・下山京子、萬朝報の服部桂子、二六新聞の中野初子・山内藤子等を数ふべし……もし夫れ最も畏敬すべき磯村春子に至つては、家に春秋の愛子三人あれど、新聞記者が好きで堪らず、外国人の訪問には何時も御姿を拝せぬと云ふ事なし。日本の女は人形のように美しかるべきを想望して、はるばる渡来した外賓も、着港第一番に接する女子の風貌の、極めて男性的なるに、吃驚仰天せざるは無しとぞ。磯村春子を有する東京の新聞紙界は、以て誇りとすべき哉。（『東京の女』松崎天民隆文館（1910））

1912（大正元）年、『最新家庭のあみもの』実業之日本社刊。

1913（大正2）年、『今の女』出版。

目次：美人論・宗教心の乏しい女・夫が奮闘の首途・同級会の圧迫・産婆の見た家庭・展覧会は考へもの・探偵長の家庭・夫の命・素人と商売人・忘れ片見・美顔術師の店・事務服姿・歌劇役者の悶え・看護婦の立場・茶の湯の師匠・夢想女・鉱山師の妻・若き母・ホテルの主婦・俳優の妻・現金主義・歯科医の応接室・絵師の妻・発明家の二十年・婦人待合室・社会の裏口・誘惑・万年町の夕・落伍者・電車の客・目白台の婦人部落・女優部屋、付録・婦人記者十年。

1915（大正4）年、「やまと新聞」明治〜昭和に発行された政府・右翼系の日刊紙に移籍。

やまと新聞は円朝の落語・講談速記を連載、娯楽趣味の紙面づくりが受けた。

以後、春子は日本近代小説の英訳を志したが、完成したか分からない。この女性の翻訳なら欧米人に近代日本の感性をうまく伝えられたのではないかと思われ、その若い死が惜しまれる。

１９１８（大正7）年、病を得て41歳で死去。

長男磯村英一、のちの社会学者は未だ中学生であった。夫、磯村源透の記録は見当たらない。

＊＊＊＊＊＊＊＊

〈余談〉

２０１５年12月、トルコとロシア間の緊張がニュースになっている。いろいろあって今トルコに世界の目が向けられている。そのトルコは親日的、そのきっかけとなった物語が『海難１８９０』という映画になって公開されている。１８９０年の海難事故と１９８５年のテヘラン邦人救出劇、奇蹟の実話という広告に、数年前に書いた記事を思いだし引っ張り出してみた。

『けやきのブログⅡ』
（2010年3月16日）〈トルコ金閣湾で釣り、谷干城と柴四朗〉
（2009年10月4日）〈赤い羽根、エルトゥールル号義援金／エルトゥールル号の悲劇〉を参照ください。

＊1　ルビ：ruby　ふりがな用の小活字。
＊2　山田猪三郎：和歌山。気球・飛行船の先駆者。日露戦争で陸軍が旅順偵察用に使用。

2015年12月12日（土）

登米県権知事、漢学者・鷲津毅堂（宮城県・愛知県）

旅の雑誌を見ていたら、旧登米警察庁舎（警察資料館）・旧登米高等尋常小学校（教育資料館）など趣ある写真にそえられた「登米町[*1]は別名〝みやぎの明治村〟と呼ばれる。それだけ明治の貴重な建築物を多く残す町。風雪に耐えてきた建物は町の盛衰を語る思慮深い賢人のようにも映る」の言葉通り、明治の人々の思い・洋風建築へ興味をかきたてられた。

仙台藩が誕生して現在の登米市は仙台藩の一部となった。伊達政宗の部将の子、白石宗直は政宗から伊達姓を賜り寺池城（旧登米町《とよままち》）に入り登米伊達氏の祖となる。

明治維新後、仙台藩は戊辰の敗戦により62万石から28万石に大幅に減封され、版籍奉還によって4つの県に分割された。まだ戊辰戦争の記憶が生々しい中、漢学者・鷲津毅堂《わしづきどう》が新政府から登米県権知事に任命され、任地へ向かう旅の記録「赴任日録」（尾張・鷲津宣光）

を書いた。

「赴任日録」を読むと、江戸から東京と改められた地から陸奥国陸前までは遠く、泊まりを重ねての旅はけっこう大変だと分かる。駕篭と歩きの旅だから大雨、山越えには大弱り。知事の任お供は数十人のご一行様、小さな宿場は通り越し先まで歩かないと食事にありつけない。でも現代のように飛行機で一っ飛びは無理なかわりに、土地土地の状況がよく分かる。稲穂が実らず青ければ民の困窮が察せられ、何とか救荒したいと考えを廻らす。その間にも名所古跡にいたれば学者知事は筆をとり感慨を漢詩で表現する。

鷲津 毅堂

1825（文政8）年尾張国丹羽郡丹羽村、鷲津益斎の長男。本名・宣光。

幼い頃より父の教えを受け経史百家に通じていたが、さらに師について学ぶ。

1845（弘化2）年、20歳。遺命により伊勢の津藩有造館教授・猪飼敬所に学ぶ。次いで江戸に出て昌平黌で学ぶ。

1853（嘉永6）年、上総久留米藩の儒員に招かれる。

1854（安政元）年、江戸に出る。

1865（慶応元）年、尾張藩主侍読。翌2年、明倫堂教授。

1867（慶応3）年、督学となって学制改革に尽力。毅堂は勤皇の志が厚く、幕末維新の多難な時期に微妙な立場にあった藩主慶勝を補翼し藩の進むべき方向を示した。

1868（明治元）年、戊辰戦争。維新後、藩主徳川慶勝が議定官に任ぜられると家老の成瀬とともに補佐。新政府に出仕、権弁官、次いで大学少丞。

1869（明治2）年、登米県（宮城県）権知事に任命される。東京を出発、千住まで見送りを受ける。草加・越谷そして粕壁（春日部）泊まり。翌22～25日、杉戸・栗橋・古河・間田・小山・石橋・雀宮・宇都宮・白澤・喜連川・大田原・鍋懸・越堀に至る。

9月26日、連日の雨でぬかるみ滑って転ぶ者あり難儀する。蘆野に至り道は平坦になり雨も止んだが、稲が青々として直立、収穫されていない。7、8月の台風で傷つき稲穂が実っていない。二岩三陸みなそうだというし、若松はさらに甚だしいと聞けば心配で何と言っていいか分からない。人民は如何にして食料を得るのだろうか。救荒はどうしたらよいだろう。

駕篭の中で思い悩んでいると「白河の関」だと声をかけられた。外へ出て能因法師が詠んだ古跡を見、古関をしのんで一絶を賦した。清岡知事を訪問。深夜大雨となる。

9月27日、従者、ぬかるみに苦しむ。大和久・白河以北の村落みな荒涼としている。須賀川泊まり。

9月28日、連日の雨だったが久しぶりの晴天。みな喜んで進み郡山に到着。本宮で休憩。石巻から高崎藩士が続々引きあげるのに出会う。戊辰の戦で石巻を鎮めたが知事交代のための引きあげで、また二本松の官軍の戦を記す。

9月29日、小雨が降るが午後は晴れ。機織りの音が聞こえ、歌枕・信夫文字摺の出所『東鑑』を思いながら、桑折に至り泊まる。

9月末日、越河。これより北は仙台藩旧封城で今は白石県管内。険しい道を岩石がふさぐ磨鐙の坂を過ぎて白石に至る。白石の知事を訪問しようとしたがまだ着任していなかった。その夜突然、松本奎堂の親友、岡千仭(鹿門)が訪ねて来た。仙台藩論に逆らい獄にあったが解放され憔悴していたが、元気に朝まで議論するので往生した。

10月1日、舟で槻木を廻る。岩沼澤で飯。翌日、塩竈神社[*2]に参拝し、船で松島をみて古詩一編を賦した。2日、今市を過ぎる。宮城野の旧地。塩竈神社は昔、国主新旧交代の時は祈ったので、弊物を進上して祷り、松島で休憩し高城に到る。夜雨。

10月3日、快晴。三浦。村吏数人迎えに来る。

三本木川を渡って県内に入ると先発していた黒田権少屬、熊城史生が出迎えに来ていた。

今春、土浦藩主が鎮めたので土浦藩吏・奥田図書が来た。

ちなみに、登米郡は土浦藩取締地を経て涌谷県となり、のち登米県→一関県→水沢県→

磐井県と変遷する。

10月4日、本県管轄：土浦藩鎮所（土浦藩が取締り）の遠田・志田・登米三郡。

10月8日、土浦藩吏が来、遠田・志田・登米三郡の版籍及び官舎府庫を登米県に収める。

10日、三局の分掌（訴訟・戸口・租税・殖産・修繕・橋梁・堤防ほか）をきめる。

また、藩からの支給がなくなり困窮している多くの武士に業につけるようとつとめる。

帰農の際には老農の意見を採り入れたり、その他の就業方法をさぐるなど、登米県在任中、
救荒策に腐心し民政に努力した。

1870（明治3）年9月8日、石巻県が廃され登米県に合併（太政官日誌）。

穀堂は尾張藩からの徴士であったためか藩政改革により免官となった。

1871（明治4）年7月、廃藩置県。3府72県に整備される。

1872（明治5）年、権大法官五等判事。

1876（明治9）年、旧仙台藩領は宮城県に編入。

「仙台県」でなく「宮城県」と改めたのは明治新政府が、仙台藩の「雄藩イメージ」を抹殺したためだといわれている。

1881（明治14）年、東京学士院（学者としての最高府）会員。

1882（明治15）年10月5日、東京下谷の自宅で死去。享年58。

ちなみに、鷲津毅堂は小説家・永井荷風の外祖父にあたる。

＊1　登米：宮城県北部、登米郡の町名などで、延喜式で郡名を「とよね」以来、「とま」「とよね」「とめ」と変化したが、「とよま」が町名に残る。
＊2　塩竈神社：『けやきのブログⅡ』（2015年2月21日）より〈戊辰の戦後処理、塩竈神社宮司、遠藤允信（宮城県）〉を参照ください。

参考：『有隣社と其学徒』一宮高等女学校校友会編（1925）／『明治文化全集』明治文化研究会　日本評論社（1969）／『毅堂集』鷲津宣光（1880）／『コンサイス日本人名事典』・『コンサイス日本地名事典』三省堂

2015年12月19日（土）

漢学者・照井小作（一宅）、聞達を求めず（岩手県）

東日本大震災から5年、復興未だし。そのうえ原発事故に遭った地域では故郷に戻れない。海沿いの大熊町町民の多くが同じ福島県内でも遠く離れた山の方、会津若松に移り住み、小中学校の先生たちと共に子らを見守っている。でも、生徒は年々減っている。

2つある小学校のうち大野小学校は避難当初204名だった生徒が、4月からは20名以下になりそうという。他校も推して知るべしだが、心を寄せるしかできない。せめてもと、福島・宮城・岩手を中心に近代の人物を掘り起こすうち、東北地方は昔から多々「困難にあっては、打ち克ってきた」のを知った。そしてそれは、今なお続いている。

力になれないまでも応援の気持ちで書き始めたところ、東北の明治人を知ることが、自分のためになった。そうと気付いたら、なおさら「東北」がほめられるといい感じ。中央に出て活躍した人物を知るのも楽しみだし、実力がありながら敢えて郷里で出世や栄達（聞達）を求めず己の道をいく人物もまた好ましい。そういう人物は紹介甲斐もある。照井小作《てるいこさく》はその一人。

――西南には多智多識の人物輩出したれども、冷静の思索に長じ、堅実の創才に長じたる人物は、寧ろ反って東北より出でたり。例えば国防の予言者たる林子平氏の如き、開国の先見者たる髙野長英氏の如きは、西南地方に生まれずして、共に東北仙台の生まれ、特に近代第一の卓識家たる佐藤信淵、平田篤胤の二氏の如きも、東北の秋田に生まれたり。世間また大槻盤渓、那珂梧楼の二氏が東北近代の二大儒たるを知れども、盛岡の照井小作、弘前の工藤他山を知るもの殆ど罕《まれ》なり。この二氏は一生聞達を天下に求めずして、終に村夫子を以て自ら草莽に朽ちたりと雖も、その学術文章は決して時流に譲らず。（『明治人物評論・続』鳥谷部春汀*1（1900））

照井　小作（一宅）

1819（文政2）年、盛岡藩士・照井小兵衛全秀の子として生まれた。

本名、全都。通称、小作。号は一宅、ほかに蟷螂斎《とうろうさい》。

父の小兵衛は天保年間（1830～1844）、南部藩主南部利済《としただ》に仕えていた。財政に精通し、家老東中務に抜擢されて奈良宮司とともに勘定奉行を勤務した。

その後、冤罪によって藩主の怒りをかい、録も家屋敷も取り上げられた。途方に暮れた一家は知り合いをたよって岩手郡篠木村に移る。

山間の地で、慣れない農業を営む暮らしは赤貧洗うが如しであったが、小作は父を手伝いながら家に残っていた論語・孟子などの四書に親しんだ。時に父から教えられるのが楽しみだったが、父は重い胃腸病を患い、耕作が思うようにできなくなり癇癪を起こし機嫌が悪かった。それのみか、医者の注意もきかなかったので、小作は父をなだめつつ看病に励んだ。やがて、その甲斐あって、幸いにも父は全快し、小作に病中の看病を感謝した。

小作は看病や農耕の合間にも読書は欠かさなかった。こうして睡眠を削って、四書を何百回も読み込み、論語について深く思索。

なお、はじめは中島預斎、ついで古沢温斎について学び、研鑽につとめた。

1852（嘉永5）年、藩学・明義堂の助教兼侍読となり、漢学を教えた。

1866（慶応2）年、藩学学制が改正され、明義堂の規模が拡張され名称も作人館となった。小作は引き続き助教をつとめた。貧苦と闘いながら築き上げた学問で藩に召されたのである。

照井は初学者を戒めていう。「古書を学ぶには、粉餅をこしらえる心持ちでなければならない。粉餅は粉に水を入れて、なんべんもかき回し、まま粉のないように融和しなければよい餅にならない。心の中で深く思い、広く考えて、一点の疑いの残らないまでに、根気よくかき回して、すっかり自分の心に融和させなければ自分の物ではない」。

小作は、学問における姿勢は注釈ではなく本文を熟思することを重視した。

現代人は自分も含め、四書五経どころか漢文も読めないが、明治人は江戸の生まれで藩校や学問所に通い、孔子や孟子は身近で共通の教養だった。

欧米文化の採り入れに躍起だった明治初期さえ、漢詩文集が盛んに刊行され、読者も多かった。それを理解できるだけの下地があったから文人や学者の仕事を理解できたのだ。

ところで、作人館には那珂梧楼《なかごろう》（江幡五郎）がいたが、照井について、「定見の確かさは金城鉄壁の如く抜くべからざる者がある」と嘆賞している。

照井の経学、儒教の教えを説いた書を研究する学問は、真に千古に独歩する概があったと称される。那珂はかつて照井と同じく南部藩侯の侍講であったが、経学においては自ら照井の造詣に及ばないと称し、常に兄事した。

さて、南部藩は戊辰戦争で奥羽越列藩同盟に加わったから13万石に減封され白石に転国、藩校は廃止となる。

1869(明治2)年7月、南部利恭が白石から旧地盛岡に復帰、再び藩校が再開された。

11月2日、照井小作は作人館大助教となる。

11月13日、盛岡藩権少参事となり、大参事の東次郎とともに藩政に参画した。

1870(明治3)年7月、廃藩置県。小作は職を辞し南部利恭に従い東京に出る。

?年、郷里に戻り、古書の解註を行ったり、狂歌や俳句、絵をたしなむ。

1881(明治14)年2月21日、死去。享年63。

盛岡市旧桜山に碑がある。

日本に亡命した中国人、清末・民国初期の学者・政治家の章炳麟《しょうへいりん》は小作の遺著を読んで、「照井全都ハ千四百紀以後ニ生マレ、独リ能ク高励長駕ス、ソノ微綸ヲ引キ既ニ沈マントスル九鼎ヲ釣リ而シテ之ヲ絶淵ニ出ス云々」と嘆賞している。

＊1　鳥谷部春汀：明治のジャーナリスト。調査の行き届いた材料を基本に、情理を兼ね備えた人物評で好評。『けやきのブログⅡ』(2015年4月25日)より〈人物評の名手、鳥

谷部春汀〈陸奥国三戸郡・青森県〉を参照ください。

参考：『郷土資料・修身科補充教材』岩手県教育会盛岡支部部会（1935）／『興亜あの礎石・近世尊皇興亜先覚者列伝』大政翼賛会岩手県支部（1944）／『南部叢書』南部叢書刊行会（1931）

2015年12月26日（土）

長崎海軍伝習所・宮古湾海戦・中央気象台長、荒井郁之助

荒井　郁之助《いくのすけ》

父の荒井顕道は幕府代官で『牧民金鑑』[*1]の編纂者として知られる。

1836（天保7）年4月29日、湯島天神下の組屋敷に生まれる。名は顕徳。幕臣・荒井顕道の長男。

1850（嘉永3）年、昌平坂学問所（昌平黌）に入学。また、書道・剣術・弓術・馬術を習う。

1855（安政2）年、幕府小十人組番士、百俵十人扶持となる。この頃蘭学を学ぶ。

1857（安政4）年、軍艦繰練所・長崎海軍伝習所で航海術を習得。

1858（安政5）年、海軍（軍艦）繰練所世話心得。

1861（文久元）年、小野友五郎らと江戸湾の海防測量をし、千秋丸に乗り小笠原島に航海。

1862（文久2）年、軍艦繰練所頭取。順動艦長となり徳川慶喜や松平春嶽など大官を、大阪まで送ったり軍機の運輸など果たす。

1863（文久3）年、講武所取締役、歩兵頭となりフランス人に歩操術を学ぶ。

1865（慶応元）年、歩兵指図役頭取。大鳥圭介と共に横浜でフランス式軍事伝習を受ける。

1867（慶応3）年5月、歩兵頭並に昇進。

1868（慶応4）年1月、軍艦頭を命じられ海軍職に復帰。

戊辰戦争勃発により、海軍副総裁榎本武揚らとともに幕府の軍艦を率い、新政府下の江戸を脱出して箱館戦争に身を投じる。

蝦夷地に赴くや徳川将軍家の血筋が来るまでの間、指揮者を定め組織を確立するため、アメリカ合衆国の例にならって士官以上の者の入れ札（投票）を行う。

総裁・榎本武揚（釜次郎）、副総裁・松平太郎、海軍奉行・荒井郁之助、陸軍奉行・大鳥圭介／並・土方歳三ほかを決定。そして戦いの準備。

――余は海軍を督して回天丸に乗り組み戦闘の準備と調練。その方法は、右舷の砲を左舷に据え、左舷の砲を右舷に据え敵に面する舷には左右両舷の砲を一舷に集めて其強力を倍する……回天の目指して戦ふものは敵の甲鉄艦にして、50斤の砲弾を箱館にて鋳造し、その弾頭を鋼鉄となし、甲鉄艦に試むる用意をなしたりき。

1869（明治2）年3月、五稜郭榎本軍の司令官として軍艦回天丸に乗り、蟠龍・高雄2艦を従え、新政府軍艦隊が集合する宮古湾に出撃。榎本軍は頼みの旗艦・開陽を悪天候で失い回天丸が榎本艦隊の中心であった。

――新政府軍の軍艦、甲鉄・陽春・春日・丁卯であるが甲鉄は当時日本における精鋭第一の軍艦である。その四艦の撃滅と甲鉄艦奪取のため、回天丸艦長・甲賀源吾と荒井司令官は奇襲作戦を展開。

回天丸は、宮古湾に浮かぶ新政府軍艦隊の真ん中に乗り入れると同時に四方の砲弾を発射しつつ甲鉄艦に近付いた。そして抜刀した兵が乗り移り大乱闘になった。回天の兵は血まみれになってよく戦ったがついに敗退。戦いが激しくなり艦長の甲賀源吾が敵弾に斃れて戦死、死傷兵も多く、荒井はやむなく引きあげを決断、箱館湾に退いた。

5月11日、新政府軍が箱館総攻撃を開始。湾上の回天丸も砲弾をあび航行不能となりやむなく上陸して五稜郭に入った。

1週間後の18日、ついに力尽き降伏。榎本・松平・大鳥・荒井の四将は出でて政府軍の軍門に降り、戊辰戦争が終わった。降伏人一同は東京に護送され、糾問所の獄に入れられる。その場所は幕府時代に大鳥圭介とともに、毎日出勤して陸軍の事を処理していた大手前歩兵屯所であった。

3年間の獄中生活で『英和対訳辞書』を編纂し出獄後刊行。

1872(明治5)年1月7日、特赦により禁獄御免となり出獄。開拓使五等出仕を命ぜらる。

1875(明治8)年、内務省地理局が気象掛(東京気象台)をおき気象観測を開始。

1876(明治9)年、開拓使仮学校(のち札幌農学校)・女学校、事実上の校長をつとめる。

1877(明治10)年、辞職、東京に帰る。

「工業新報」刊行。「測量新書」などを翻訳。西洋の三角式により観測の基礎をつくる。

1879(明治12)年、内務省に出仕、内務省測量課長。

当時、日本人は気象学に通じていなかったので広めようとした。また、海軍の気象予測能力の不足を痛感。

1882（明治15）年以降、測候所新設も進み、観測機関の中央機関として中央気象台を設置し、日本の気象事業の基礎を築いた。

『地理論略』ウァルレン著・荒井郁之助訳・文部省刊。


1883（明治16）年、初代中央気象台長に就任。

その後25年間も地理局に勤務して、わが国の地図の整備につとめた。

1887（明治20）年、新潟県の永明寺山（現三条市）で皆既日食観察を行い、日本で初めて太陽コロナの写真撮影成功。

1889（明治22）年、『海上危険ノ時油ヲ撒スルノ説』著す。出版者・菊沢清光。

1890（明治23）年、標準時の制定を行う。

1891（明治24）年、退官。


1893（明治26）年、榎本武揚と浦賀に遊ぶ。

そのおり、幕府時代にここに小規模の船渠（ドック）あり、西洋型の船を建造した話になった。そこで、同志と図り、浦賀船渠株式会社を創立することになり、監査役に就任。

1897（明治30）年、退社。悠々自適の生活をおくる。

1909(明治42)年7月19日、糖尿病がもとで死去。享年74。姻戚の田辺太一(連舟)が漢文で墓碑銘を記す。

荒井は海軍職であったが水泳が不得手、また下戸だった。人となりは、口数少なく穏やかで謙虚。人が宮古海戦の猛襲を問うと、「あの時は何が何やらサッパリ分からぬほどの激戦であった」と答えるのみだった。

荒井の激動の生涯を見渡して日清・日露戦争中の動静を伝える資料がないのに気付いた。戊辰戦争を戦った人々のかなりが日清・日露で外征した。

しかし荒井はすでに50歳半ば過ぎ、出征することはなかったろうが、内戦を経て次は外国と戦争、何か思うところはあっただろうか。

＊1　『牧民金鑑』:代官執務の便として、江戸初期から嘉永(1848~1854)に至る地《じ》方《かた》支配(農村における民政一般)の法令・先例・慣行・史実を集録したもの。

参考:[宮古湾の海戦、『日本軍事史』『箱館戦争写真集』]/『回天艦長　甲賀源吾伝・函館戦記』石橋絢彦　甲賀源吾伝刊行会(1933)/『近世名将言行録』吉川弘文館(1935)/『幕府軍艦［回天］始末』吉村昭　文藝春秋(1990)

あとがき

「2009年7月1日〈本・ほん・ご本　「明治の兄弟」ってどんな本?〉」から始まった『けやきのブログⅡ』は、2020年12月末、記事数600編を超えました。

2009〜2014年までは私家版で印刷、このたび2015年記事52編を『明治大正人物列伝52』と題して出版しました。

『明治の兄弟　柴太一郎・東海散士柴四朗・柴五郎』を執筆中、たくさんの人物と出会い、また本編に取り込めなかったことなど材料には事欠かず、長く続けられます。

ブログ記事の更新、毎週はキツいときもありますが、登場人物が逆境に負けず前へ進むのに励まされ、続けられます。読者の方々も登場人物から元気をもらってくれたらいいなあと思っています。

コロナ禍で日本ばかりか世界中がたいへんな目に遭っています。一日も早く、新型ウイルスから解放され、平穏な日常が戻るよう願っています。皆さまどうかご安全に。

2021（令和3）年

中井けやき

著者プロフィール

中井 けやき（なかい　けやき）

1942年、東京生まれ
著書：私家版『安行植木と農業ノート＆ある明治人の生涯』、『明治の一郎　山東直砥』（2018年）、『増補版 明治の兄弟　柴太一郎、東海散士柴四朗、柴五郎』（2018年）

『けやきのブログⅡ』
http://keyakinokaze.cocolog-nifty.com/rekishibooks/

カバー画

安原 竹夫（やすはら　たけお）

1990年文化庁平成元年度優秀作品（第32回安井賞展出品作品・買上げ）、1991年リキテックス・ビエンナーレ（大賞）、国立国際美術館、京都国立近代美術館などにパブリックコレクションがある。

明治大正人物列伝52

2021年８月15日　初版第１刷発行

著　者　中井 けやき
発行者　瓜谷 綱延
発行所　株式会社文芸社
〒160-0022 東京都新宿区新宿１－10－１
電話 03-5369-3060（代表）
03-5369-2299（販売）

印刷所　株式会社晃陽社

ISBN978-4-286-22827-3